# 货币的真相

[英]玛丽·梅勒（Mary Mellor）◎著

李宏佳　张维懿◎译

## Moncy

### Myths, Truths and Alternatives

中国科学技术出版社

·北 京·

Money: Myths, Truths and Alternatives by Mary Mellor/ISBN:978-1447346272.
Copyright© Policy Press 2019
First published in Great Britain in 2019 by Policy Press, University of Bristol.
The simplified Chinese translation rights arranged through Rightol Media（本书中文简体
版权经由锐拓传媒取得 Email:copyright@rightol.com）
北京市版权局著作权合同登记 图字：01-2022-4398。

**图书在版编目（CIP）数据**

　货币的真相 /（英）玛丽·梅勒著；李宏佳，张维
懿译 . — 北京：中国科学技术出版社，2022.12
　书名原文：Money: Myths, Truths and
Alternatives
　ISBN 978-7-5046-9854-4

　Ⅰ . ①货… Ⅱ . ①玛… ②李… ③张… Ⅲ . ①货币
Ⅳ . ① F82

中国版本图书馆 CIP 数据核字（2022）第 203434 号

| | | | | |
|---|---|---|---|---|
| 策划编辑 | 杜凡如　赵　嵘 | 责任编辑 | 庞冰心 |
| 封面设计 | 仙境设计 | 版式设计 | 蚂蚁设计 |
| 责任校对 | 焦　宁 | 责任印制 | 李晓霖 |

| | |
|---|---|
| 出　　版 | 中国科学技术出版社 |
| 发　　行 | 中国科学技术出版社有限公司发行部 |
| 地　　址 | 北京市海淀区中关村南大街 16 号 |
| 邮　　编 | 100081 |
| 发行电话 | 010-62173865 |
| 传　　真 | 010-62173081 |
| 网　　址 | http://www.cspbooks.com.cn |

| | |
|---|---|
| 开　　本 | 880mm×1230mm　1/32 |
| 字　　数 | 138 千字 |
| 印　　张 | 7.25 |
| 版　　次 | 2022 年 12 月第 1 版 |
| 印　　次 | 2022 年 12 月第 1 次印刷 |
| 印　　刷 | 北京盛通印刷股份有限公司 |
| 书　　号 | ISBN 978-7-5046-9854-4/F·1065 |
| 定　　价 | 79.00 元 |

（凡购买本社图书，如有缺页、倒页、脱页者，本社发行部负责调换）

# 推荐语

玛丽·梅勒用通俗易懂又妙趣横生的故事打破了关于货币的传说，驱散了围绕货币和银行业的迷雾。

——艾伦·布朗（Ellen Brown），
美国公有银行协会总裁，《债务网络》（*The Web of Debt*）
及《公共银行策略》（*The Public Bank Solution*）作者

本书对传说和常规的经济学思维发起了挑战。本书内容刺激、有趣，并战略性地削弱了正统观念。关于税收、储蓄、债务的论点，玛丽·梅勒说得都非常准确！

——温迪·奥尔森（Wendy Olsen），
曼彻斯特大学社会经济学教授

这是一部出现得非常及时也非常值得一读的著作。本书揭开了围绕在货币周围的谜团，讲述了关于货币的社会、政治和商业起源更加可信的故事，展现了货币的无限潜力。

——温迪·哈考特（Wendy Harcourt），
就职于鹿特丹伊拉斯姆斯大学国际社会学院

玛丽·梅勒对货币起源的传统观点提出了质疑，并提出货币是一种社会制度。她破解了创造货币的魔法，并认为创造货币应该接受民主辩论。对于那些对经济学感兴趣的读者来说，这是一本令人兴奋的读物。

——克里斯汀·鲍哈德（Christine Bauhardt），

就职于柏林洪堡大学

玛丽·梅勒是货币传说杰出的终结者之一。她再一次敦促人们摆脱心中关于货币的陈腐观念，从而重塑货币的未来。

——布雷特·斯科特（Brett Scott），

《全球金融反叛者指南》

（*The Heretic's Guide to Global Finance*）作者

# 致谢

感谢我的家人和朋友们，尤其是奈杰（Nige）、乔（Joe）、凯特（Kate）、苏（Sue）、温迪（Wendy）和玛格丽特（Margaret），他们给了我很多的爱与鼓励。感谢多年来一直坚定支持我的诺森比亚大学的同事们。特别感谢凯特·麦克洛克林（Kate McLoughlin）为本书绘制的精彩插图。

# 目　录

# 引言

## 解开货币之谜

除了经济学家，几乎人人都知道"货币"二字的含义。

这句话来自艾莉森·欣斯顿·奎金（Alison Hingston Quiggin）。对于大众对货币的理解程度，她过于乐观了。关于货币的另一个说法可能更恰当，"即使是经济学家，也不知道'货币'的含义"。

下面请你来想一想"货币"这个词，试着在脑海中浮现出货币的形象。在继续阅读本书之前，把你想象出的货币画在下面的空白处。

你想到的是一沓钞票或一把硬币吗？是银行里装满了闪亮的硬币和金条的金库吗？还是你的信用卡、银行账户或债务？然而，人们基本不会想到一根账目棍①、一串贝壳或一片

① 古代记账方式，将一根木棍一分为二，双方各执一根表示已缴税。——译者注

烟叶，但它们在历史上都曾被当作货币来使用。"货币"是一个极为模糊的概念，很难去定义、描述和解释。正因为如此，货币就像魔法一样，充满了幻想、权谋、谜团和不可思议的故事。

让大家想象货币的形象并不是因为无的放矢。因为"钱"是现代生活的中心，挣不到钱日子会很悲惨。对大多数人来说，挣钱是生活中的头等大事。钱是人生选择的决定因素。它在政治和商业谈判中占有支配地位：底线在哪里？这些公共服务是否负担得起？尽管货币十分重要，它仍然保持了自己的神秘性。它从哪里来？它又是怎样起作用的？

对货币的不同认知影响着社会和公共政策。长期的财政紧缩政策使人们不得不依赖食品银行生活。对于这一问题，英国前首相特蕾莎·梅（Theresa May）的回答是她无能为力，因为政府没有神奇的摇钱树。那么，货币从何处而来呢？是什么决定了货币的数量和形式？什么能产生货币，是货币本身吗？怎样才能拥有和控制货币，或者它是否存在于某个独立的维度之中呢？

美国儿童文学作家弗兰克·鲍姆（Frank Baum）创作的童话《绿野仙踪》（*The Wonderful Wizard of Oz*），拍成电影后深受大众喜爱。这部作品被认为是在影射当时的货币体系，书中那个被人认为无所不能的巫师，只不过是一个在幕前受人操纵的提线木偶。在探究货币真相的过程中，揭开幕布并不容易。但是，探究真相是必要的，否则货币将继续被视作一种自然产生的、具有神奇力量的事物。如果货币真的是自然产生的，那么钱矿、钱井或者摇钱树又在什么地方呢？

如果在自然界无法找到货币的源头，那么就可以得出结论——货币是人类社会的产物。可是，它是在何时以及如何产生的呢？在货币的社会起源无法确定的情况下，它确实很像是通过魔法变出来的，"砰"的一声，就凭空出现了。当然，关于货币的起源、形式和功能，有许多相互矛盾的解释，但正如我们将看到的，有些只是传说（见第一章）。本书的创作目的是解开有关货币的一些谜团，向那些混淆视听的人发起挑战。

让我们回到你想象出来的货币形象上来。你很可能想到的是纸钞或者硬币，这是现代货币作为现金出现时的标志性形象。然而，这是一种错觉。因为在今天的英国，纸币和硬币只占总货币量的3%。世界主要经济体也大多如此。许多国家都在考虑建设无现金社会，完全依靠电子支付。瑞典成了世界上第一个无现金国家。有形货币量稀少，是因为在像英国这样的国家，大部分货币都只是银行账户上的数字，并且直接在账户之间流转。通过本书，我们将会发现人们接受银行账户上的数字等同于现金这一概念，其实并没有多少年。

　　如果你想象中的货币是银行金库的形象，认为是里面的黄金在支撑着你的口袋里或银行账户里的钱，那么你一定会失望的。拿出一张英国钞票，你会发现上面印着这样一句话："我承诺在持票人要求时支付（20/10/5）镑。"这最初是英格兰银行的承诺，持票人可以将纸币兑换为黄金。这个承诺曾经确实可以兑现，但现在银行只会将你的纸币兑换成另一张一模一样的纸币。这种纸币被称为"法定货币"。

　　"fiat"一词来源于拉丁语，可以翻译为"令其完成"（let it be done）。法定货币因政府授权而存在，在它背后没有其他"真正"的钱作为支撑。大多数国家甚至不会在钞票上做出这样的承诺。美元上印着："这张纸币是所有债务的法定清偿物，无论是公共债务还是私人债务。"作为一种较晚出现的货币，欧元只给出了纸币的面值：5欧元、10欧元、20欧元和50欧元。欧盟认为欧元的价值无须证明，所以纸币上既不承诺它可以换成更高级的货币，也不强调其"法定货币"的地位。欧元还有一个区别于大多数货币的特点，那就是没有一个或明或暗为其提供支持的国家。然而，大多数货币是特定司法管辖区的产物。英镑自豪地宣称它是由英格兰银行发行的，美元宣称它是由美国联邦储备银行发行的。欧元纸币和硬币则没有标明发行方。欧元的特殊地位将在后面的章节进行讨论。

　　如果你对货币的最初印象是一张塑料制成的银行卡或一

个银行账户，或者你想到的是用手机转账，那么你就更加接近现代的货币概念了。虽然货币以贱金属硬币、钞票或各种记录的形式存在，但代表货币的媒介本身并不具有内在价值。与由金银制成的货币不同，现代货币的成分没有自然的限制。钞票、支票簿或账本是用纸制成的，硬币是用贱金属铸造的，这些制造原料永远不会短缺。而只要有电子信号，就能够记录和传输金融数据。与想象中闪闪发光的金币不同，现代的有形货币本身没有价值。当然，对那些钱币收藏家而言是个例外。新出现的数字加密货币，仅仅以电子记录的形式存在，进一步将这种情况推向了极致。它们甚至没有发行机构，其创造和流通是计算机程序的产物。与欧元一样，本书将在后面的章节对这种创新的货币结构带来的影响进行详细讨论。

现代货币不是由金银等本身具有价值的东西制成，因而没有内在价值。尽管如此，全球各地的人们每天仍在使用货币，这正是其非凡之处。事实上，现今依然以纸币和硬币为主要货币的国家，即使纸币已经严重老旧甚至破损，它们仍然在人群中流通。在大多数社会，一个人除非能够完全自给自足，否则没有钱将很难生存。以硬币、纸币、银行卡、支票以及手机支付（在一些银行数量不多的国家，这种情况正变得越来越普遍）的形式，每天有以万亿计的货币在流通。市场、商店、政府、各种类型的企业和机构的运转，也都离不开货币的流通。人们通过薪水、津贴、养老金、礼物、汇款和其他转移支付来接收货币。他们把这些钱用于各种目的，比如支付账单和税款，购买商品和服务，捐给慈善机构或分给朋友和家人等。

货币可以被消费、借贷、存储、投资、赠予和继承，也可以出现在非法活动中，如被盗和被伪造。在英国，约有多达5%的1英镑硬币是伪造的，因此英国政府在2017年推出了被认为更难伪造的新版英镑硬币。货币本身也是投资和投机活动的主要来源。货币投机和对冲是一个价值上万亿美元的产业。自20世纪70年代初各国货币之间的固定汇率制被取消以来，这一产业急速扩张。投机是押注于货币之间不断变化的价值。对冲是一种保险，目的是在进行贸易时防止不利的货币汇率变化。全球外汇交易额中的绝大部分是这些活动产生的，根据不同的计算方法，每天约为30000亿到50000亿美元，其中只有一小部分与实际交易或假日消费有关。

那么，人们为什么相信货币呢？它有什么特别之处，使得它能够无弗远近、处处皆用？令人十分惊讶的是，正是由于货币在人类社会中无处不在，这一话题一直以来很大程度上反而被社会学和经济学忽视了。这也这使得货币受到了曲解和误解。关于货币的传说已经形成，特别是在经济学领域，它们对经济和社会都产生了重大影响。货币研究应该是经济学的专属领域，这似乎是合乎逻辑的，但货币的短暂历史使得将其作为一种社会现象进行分析也同样重要。这是因为货币的核心是社会信任。尽管货币在各个时代都扮演着重要的社会和经济角色，但它并没有固定的形式或构成。虽然货币有有形的形式，如贝壳、硬币、纸币或塑料卡片，但这些形式的货币本身并不具备"货币性"——附加在被社会定义为货币的物品上的社会意义。

与大多数产品和再生品不同，货币并不是人类生存的根本基础，例如繁衍的需求或为获得食物和其他维持生计的物质付出劳动的需求。没有生物物理学迹象能够说明人类社会为什么应该发展出货币，金银的发现也没有创造出货币现象。在人类社会早期，货币的形式是多种多样的。这就引出了一个有趣的社会学难题。虽然货币没有"自然"的存在基础，但它显然是一个至关重要的东西，尤其是在当代社会。它虽然没有内在价值，但却具有巨大的社会价值。

因此，本书从一开始，就把钱看作一种需要社会学解释的社会现象。这是一个重要的研究课题，因为社会中的大多数人都生活在一个货币框架中。获得生存所需的资金，取决于货币的感知价值和可靠性。在任何社会中，如果人民普遍对货币丧失信心，结果都将是灾难性的。这可能会导致商业停滞、通货膨胀，或导致银行挤兑，进而引发社会动荡。货币的神奇之处在于其具有无形的特性，但这并不是人们普遍认知中的货币形象。政府和银行更愿意推广的是"健全"货币的概念。因此，社会学研究揭示出的关于货币的另一种观点是违反直觉的。那么，货币究竟是什么呢？

## 什么是货币

我们最好从什么不是货币开始讲起。货币不是由它的成分或与之相关的东西来定义的。谷物、牛、金、银、木头、纸、珠子或石头只是货币的代表，这些东西不属于货币。如果把这些东西当成货币，那么所有的金饰、牛或谷物就都能用作货币。所有这些东西都可以制成货币，但也可能哪种都不能制成货币，因为货币也可以只是银行账户里的金钱记录。那么，也许货币的定义取决于它所采用的形式，而与它的制造材料无关，比如金、银或带有图像、数字和文字的贱金属硬币，以纸币形式出现的特种纸张，特殊形状的珠子或石头等。但是，这又引发了新的问题：任何人都可以制造硬币、打印钞票或制作珠子，任何人也都可以在电脑上创造数字。

如前文所述，许多现代硬币是伪造的，一些纸币也是如此。然而，它们能够流通是因为人们相信它们是真的。因此，货币有一个重要特征：它必须被当成真的并受到信任。人们必须相信这样一个魔法——银行账户上的数字代表着实际购买力或偿债（如税收）能力。货币的"货币性"反映的是人们对货币的信任程度，而不是货币本身的形式和成分。

这引出了另一个问题。这种信任的基础是什么？什么是值得信任的？的确，如果有人收到的是一枚金币，信任就没那么重要了。因为贵金属货币本身就具有价值。金币可以被熔化，然后作为黄金制品出售。但反过来，一块金属若作为货币使用，可能不具有太大价值。除非用货币价值来表示（如5英镑或10美元），否则人们就不会了解黄金的价值。当黄金和白银被用作货币时，可以用称量硬币重量的方式看其贵金属含量是否与面值相同。然而，虽然金银币是"真正"货币的代表，它们与当今的货币也没有什么关系，因为现在的货币主要是无形的，只是纸上、电脑屏幕或手机上的一个数字。

这又绕回了信任问题上。人们信任的是货币中的什么呢？在市场社会中，信任的一个重要方面是，货币无论以什么形式出现，都代表着一种价值（如5美元、10美元、20美元），并可以转换成真实的商品和服务（如咖啡、鞋子、电影票、公交车票）。这种灵活的"通用货币"可以用于任何商品、服务或支付。这是现代货币的特点。也有一些使用范围有限的货币形式，如原住民社区的寺庙货币或贡品货币，或者最近出现的仅限于特定地点使用的地区货币（如布里斯托尔镑[1]，伊萨卡小时券[2]）。无论货币是通用的还是使用范围受限的，它都具有一个重要的特征——可转让性。无论是还债、送礼还是消费，因为人们知道可以将它转让给其他人，才会愿意接受它作为支付方式。

可转让性是货币的一个重要特征。无论货币是由什么组成的，无论它采取什么形式，它都代表着受到人们信任的名义价值。不论是一张美钞从一个人手里传到另一个人手里，还是款项通过电子手段从一个账户转到另一个账户，我们都相信其价值。许多人认为，这种将人际关系简化为数字的行为会让人与人之间的距离更加疏远。最早的货币作家之一，格奥尔格·齐美尔（Georg Simmel，1858—1918）就持有这样的观点。他认为货币交换没有社会交流，是最纯粹的交换形式。匈牙利政治经济学家卡尔·波兰尼（Karl Polanyi，1886—1964）将他称作通用货币的东西视为现代市场社会的基础。马克斯·韦伯（Max Weber，1864—1920）认为货币有助于社会

---

[1]　英国西南部城市布里斯托尔发行的一种货币，面值有 1 镑、5 镑、10 镑和 20 镑。——译者注
[2]　美国纽约州伊萨卡市于 1991 年开始发行的一种本地货币，现已不再流通。——译者注

的合理化。

虽然这些假设有一定的合理性，但强调货币的社会性质会带给我们一个非常不同的角度。从这个角度来看，货币可以被视为社会互动和信任的重要表现形式。基于硬币、文件、条码或电脑上的数字，人们就能毫不犹豫地信任陌生人，彼此之间又会有多疏离呢？可以说，货币是一种最具社交性的现象。货币是人们共同认可的一种确认价值和转移价值的手段。要实现这种共识，就必须建立一个货币社区。在小范围内，这可以是保姆圈代币①或当地货币流通的小型社区，在较大范围内，也可以是供国家或国际货币流通的大型社区。在任何规模的货币社区中，货币都代表了纯粹的信任。但在现代经济中，它却被笼罩在了迷雾中。

## 关于货币的传说

本书的一个主要目的，是戳穿围绕货币产生的谜团。现代社会关于货币的最大误解是它供不应求。这种说法意味着，人们和企业在为有限的货币竞争。对个人而言，这会让纳税人与

---

① 一种几个家庭在夜间轮流照顾彼此的孩子的保姆模式，可以减轻一定的育儿负担，参与的父母可以从中赚取代币或积分。——译者注

福利接受者产生对立；在更高层面上，则是让公共支出与私营部门对立起来。在私营部门内部，资金短缺被视为一件好事。人们认为，只有最优秀的企业或个人才能在对资金的竞争中胜出。这个模型引入了冲突，"辛勤工作的纳税人"对自己不工作，仅靠政府救济金来生活的"福利骗子"感到不满；与大企业相比，小企业感到它们无法从银行获得足够的贷款；人们对于政府的缺陷和对大公司征税不足的问题感到愤怒不已。

当公共支出的申请与"钱从哪里来？"这个政治上的禁忌问题相遇时，会让人十分沮丧。这一问题触及了货币传说的核心。因为它假设了金钱来自某个地方，并引出了一个问题——"某个地方"究竟是哪里？这个有限的货币池在哪里？它以什么形式存在？是像金矿一样自然形成的吗？如果是，什么人拥有和控制着它？如果不是，这些货币是如何出现的？是由什么构成的？假设没有货币池，那么按照逻辑推理，货币就是凭空产生的。如果事实的确如此，货币又是如何运作的呢？最后再次回到了这个问题：是谁在操纵"魔法"，能凭空变出货币这种限制了社会、政治和经济选择的东西？

货币短缺之谜的核心是一个令人困惑的事实：货币有时实际上是珍贵的或有用的东西，比如黄金、白银、贝壳、牛、谷物等。然而，有用的东西并不一定就会数量短缺。牛、谷物或烟叶数量可能很充足，但仍可作为货币使用。不过，今天人们已经没有理由说货币本身是珍贵的或有用的了，因为现在的货币是由贱金属、纸张制成或由电子记录构成的。这些东西都不会短缺。

那么，人们感到资金短缺的根源是什么呢？这正是本书试图回答的问题。本书将向你展示，货币供给不足的说法是基于很多其他关于货币的传说。这些传说反过来又衍生出更多关于货币在社会中的角色及其创造的可能性与限制的传说。挑战这些传说为我们提供了思考货币及其社会角色的另一种方式。如果货币并不短缺会如何？如果没有固定的货币池，资金只是在人与人之间流动，会如何？如果这种流动在社会环境和公共环境中以与在市场中一样的方式流动，会如何？

## 传说、真相和选择

本书的目的是发现并打破有关货币的传说。这并不是说传说是不好的。文化和宗教体系中的传说在人类社会中占有重要地位，关系到人类生活的各个方面；寓言、传说故事也能给人以娱乐和启发。然而，关于货币的传说是不同的，因为它们通常涉及的是一些更加具体的问题。现金、健全货币、底线、货币限制，这些词都代表着一些自成逻辑的有形的东西。对经济运作如此重要的东西怎么能由传说决定呢？这难道不是一个更需要科学分析的领域吗？货币起源理论被证明是虚构的，这是关于货币魔法的一部分。虽然大多数人每天都在使用货币，但要抓住它的本质似乎是痴心妄想。

因为货币是人类社会和人类历史的重要组成部分，而传说可能会受到基于证据的真相的挑战，进而动摇传说的理论。然而，虽然无可辩驳的证据有助于揭示真相，但证据并不总是那么完美无瑕，也会有可被质疑之处。即使证据的真实性得到了证明，人们也可以从不同角度进行解释。与以虚构为基础的传说不同，对证据的不同解读会受到批评人士的挑战，他们会找到原始数据，进行辩论。问题在于，传说甚至会影响最基本的假设，从而导致特定的结论，比如货币总量是由自然决定的，而不是由社会决定的。

当今的舆论环境充满了对"真相"的质疑。不管能否得到证明，不受欢迎的信息都会被冠以"假新闻"之名而被否认。互联网上的信息有时甚至是有意制造的假新闻。专家提供的证据被否定，人们"感到"真实的则会得到认可。在这样一个"后真相"时代，社会科学家需要去重估并重申论点和论据之间的相关性和价值。然而，"后真相"之惑也长期存在于社会科学领域。基于实证主义和经验主义方法的客观假设，一直没能得到主观的、可解释的和后结构主义观点的承认。

具有讽刺意味的是，这里提出的需要在对货币的理解中寻找"真相"的观点，正是对经济学的挑战，而经济学是最有可能成为科学的一门社会学学科。另外，对于另类右翼宣称的"他们的主张"与"严谨的研究结果"具有同等地位，本书否定了"所有知识都具有同等地位"这一说法。这并不是要提出一个绝对真理，而是坚持这样一个观点：某一认知明显比其他观点更接近真相。这样的认知经得起质疑。

本书重点关注了关于货币起源的两种不同观点。一种是货币金属论和市场促进了货币起源和演变的观点，这种观点在很大程度上表现为传说。本书提供了一个与此观点不同的视角，即把货币视为一个社会和政治概念，该观点基于大量的学术工作和许多人的研究工作，以及笔者自己二十年来在货币方面的探索。为了不影响论证的过程，本书没有在行文中引用详细的文本，而是提供了一份附有注释的参考书目。在此，笔者提前向任何发现自己对本书有特别贡献的人道歉，并且将在参考书目中对这些具体贡献表示感谢。然而，虽然在本书中作者自己青睐的结论和解决方案可能与其他学者不同，但本书基本涵盖了所有对金属铸币和市场起源说的各类批评意见。

## 本书的结构

本书第一章探索了将要挑战的有关货币的主要传说，为全书设定了背景。这些传说以"故事"的形式讲述了市场和贵金属铸币推动货币出现的过程。其实这些关于货币的故事很大程度上是基于想象，或者充其量说是不完全的分析，仅仅反映了货币的商业起源史。书中对传说故事中的经济学假设和经济学政策进行了探讨，并介绍了关于货币历史和本质的不同观点。接下来，本书还将对这些传说、真相和不同观点进行详细讨论。

与传说故事中的市场起源说不同，本书认为货币的历史不止一种，而是三种：社会的、政治的和商业的。书中第二章到第四章，将对货币的三条发展脉络进行一一呈现。

第二章反映了前市场社会、前国家社会中货币的"古老魔法"。本章通过前市场社会的证据，展示了货币的社会学历史，在这些社会中，发展出了从巨石到串珠等一系列货币形式。货币也源于社会关系的各个方面，如婚姻（嫁妆），冲突（赎金、伤害赔偿）或权力（贡品）。这些早期形式的货币通常被描述为"特殊用途"或"原始"货币。然而，笔者更倾向于将其描述为习俗性货币，因为直到今天，货币的使用仍然与公共和社会环境存在联系，如罚款、礼物和税收等。

第三章是由迈达斯国王①的故事和统治者对黄金的渴望引

① 出自希腊神话。关于其最著名的传说是点石成金。——译者注

出的主题。这种观点认为，货币的历史更多地与统治者以及创造和控制货币的权力有关，而与市场关系并不密切。货币的政治学历史是关于权力的，即统治者和精英阶层对货币的开发和使用。虽然货币和银行在一些早期的国家出现过，但最重要的发展是使用贵金属来铸造货币。笔者认为现金形式的货币（硬币和后来的纸币）是一直与国家联系在一起的。

本书还将探索在建立帝国或国家的过程中，货币和军事冲突之间的关联。书中特别关注货币和税收之间的关系，以及这种关系如何催生了以国家支出和税收为基础的货币循环。笔者认为，现代公共财政概念忽视了这种货币的持续循环。与之相反，公共财政被认为需要依赖"创造财富"的私营部门，这导致了人们对政府资金来源的根本性误解。

第四章对银行凭空创造国家货币的魔法进行了讲解。这段历史并非始于金属铸币，而是始于贸易中货币的商业用途。这种新货币形式的基础是债务承诺网络和交易商之间的协议。虽然许多协议是口头和个人的，但更多的是由信誉良好的交易者和银行家给出的正式信用凭证。它们在付款中被传递，发挥了货币的作用。随着时间的推移，这种在商业环境中以贷款和还款为基础的货币循环演变为新货币供给的主要来源，实际上是将货币凭空变了出来。

关于货币的商业发展史，最重要的方面是它与国家货币发生了相互作用。随着商业票据逐渐演变为纸币，进而演变为国家纸币，统治者开始使用商业信贷来为国家支出筹款。结果，国家失去了创造货币的权力，新兴的银行业反而成为统治者和国家的债主。这导致了银行和金融部门手中的"国家债务"不断累积。近来，减少国债的政治风潮促进了"手袋经济学"的出现。"手袋经济学"将国家比作家庭，国家必须像家庭一样"量入为出"，采取财政紧缩政策。"新自由主义手袋经济学"的意识形态力量曾一度非常强大，直到现在它的假设才受到挑战，捍卫公共财政和国家创造货币主权权力的激进思想正在悄然兴起。

第五章主要是从诗歌《魔法师的学徒》（*The Sorcerer's Apprentice*）中获得的启示。学徒趁魔法师不在的时候尝试了一个咒语，最终造成了灾难性的后果。笔者认为，正如前一章中所说的，以国债的形式将货币供给权利私有化导致了2007—2008年的金融危机，而这场危机几乎摧毁了西方银行体系。这一章展示了银行和金融业是如何利用美国穷人拥有自己住房的愿望，通过一套错综复杂的金融操作，最终导致欧洲和北美陷入资金枯竭的危险境地。这一结果让魔法师（国家）不得不出面干涉来控制混乱的局面。

这是至关重要的一章，因为它展示了各国对危机的反应如何暴露出新自由主义的虚妄。基于第一章中描述的关于货币的传说，新自由主义宣称市场是所有财富的来源，因此也是所有货币的来源。它着重强调各国不要自己"印钱"。但当"量化宽松"的政策出台，中央银行通过大量发行电子货币将债务全额买进来拯救银行业时，这种立场伪善的一面就暴露了出来。

最后两章探讨了货币可能的未来。第六章着眼于那些旨在在国家结构之外创造货币的创新，最值得关注的就是欧元和加密货币。两者的目标都是通过提供一种中立的交换媒介，从技术上解决对货币的需求。欧元试图脱离所有政治机构，只作为商业部门的资源。加密货币更进一步，其目标是在没有任何管控组织的情况下存在。这一章将证明两者都存在严重的问题，因为它们都没有理解货币的社会和政治属性。

另一个极端是，出现了大量试图创造公民组织自己的货币的行为。它们强调货币的社会性质，并将自行组织发行本地货币视为构建可持续性和团结性的工具。这种方法的弱点在于缺乏政治和商业框架。迄今为止，这种社区货币尚未对公共货币或商业市场构成实质性挑战。

本书最后一章试图打破传统经济学的障眼法。它掩盖了公共货币的存在，否定了政府创造公共货币的主权权力。本书将证明，只有了解了货币具有社会、政治和商业三种起源，才能理解现代公共货币的含义。人们之所以认为现代货币不仅是具有经济意义的工具，同时还具有社会属性和公共属性，其原因是现代货币存在的基础是人们的信任和货币同一性。货币没有内在价值，但不同的货币社区都有自己承认的货币符号：英镑、欧元、日元、美元，等等。关键问题来了，这些钱是如何进入流通领域的？神奇的摇钱树又在哪里？

*Kate Mc*

是否有摇钱树呢？

基于第三章和第四章的讨论，最后一章将指出货币的两个相互作用的循环：由借贷和偿债构成的银行模型与由公共支出和税收构成的国家模型。我将会证明这两个循环并存于现代经济中，而且都必须接受监督。货币是一种非常重要的公共资源，因此其分配应遵循一定的规则。获得货币的权利也必须被视为一项民主权利。书中将会就如何做到这一点进行探讨，例如关于基本收入、公共银行和参与式预算等问题的建议。我将会说明，一些国家的政府需要将创造货币的主权权力从商业银行部门手中夺回来，并投入为人民服务的事业中。但是，如果关于货币的传说没有被打破，这是不可能实现的。

激进的货币政策受到了普遍的批评。批评者认为，增加货币供给量，特别是通过公共支出增加货币供给量，必然会导致通货膨胀，进而导致物价上涨。本章将通过彻底重新定义税收的作用来回应这类批评。

货币的重要之处在于它是人类社会中的一种关键机制。它以不同形式存在于世界各地。然而，它却很难把握，就像笼罩在神秘之中的幽灵，一伸手就悄悄溜走。它变化多端，形式多样，像一条看不见的线，把人们联系在一起。它是市场与国家之间的重要纽带。它没有价值，却被人珍视。它是一种人类社会的产物，既可以是有形的，也可以是无形的。它可以被看作一种造成异化和剥削的机制，也是一种促进社会正义的力量。对货币的传说发起挑战，会在一定层面上去除其魔力，但也会释放出它的根本潜能。关于传说产生的影响，我们将在第一章中进行讨论。

# 第一章

## 货币的传说故事：谬论及其影响

CHAPTER 1

## 传说中的货币经济起源

Kate Mc

从前，人们生活在没有货币的社会中。虽然如此，但每个人都很忙。帽匠做帽子，鞋匠做靴子，蜡烛匠做蜡烛。他们最喜欢做的事是讨价还价和物物交换。靴子用来换蜡烛，帽子用来换靴子。问题是，蜡烛制造者常常不需要靴子，靴子制造者也不需要帽子。因为这个问题，人们不得不长途跋涉去寻找合适的物品去交换。

一天早上，帽匠戴着一顶巫师的帽子醒来时，脑子里冒出了一个好主意：如果每个人都去交换一些大家想要的东西，会怎么样呢？这片土地上的每个人都想要黄金和其他贵金属。这些金属也非常好用，因为它们很容易被分成更小的碎片，也可以做成不同的形状。其中，黄金因为不会生锈，最受人欢迎。每个人都很高兴，交易的数量急剧增加。帽匠把她的帽子卖了换金子，再用金子买手套；手套匠用金子买了一件冬衣，大衣匠用金子买了一双靴子。就这样，金子不断从一个人传到另一个人手中。

麻烦的是，这片土地上有一些强盗，他们也喜欢金银。因此，人们不敢带着金子旅行，也不敢在家里储存大量金子，害怕会被抢走。解决办法来自那些专门处理金银的人。他们有坚固、安全的地方来存放这些金属，这些人被称为银行家。"银行家"（banker）这个词源于古意大利语的banco，意为长凳或桌子，这是因为银行家刚刚出现时，是坐在长凳上工作的。商人们将自己的金银交给银行家保管。

后来银行家想到了一个对自己有好处的绝妙主意。有些人有很多金银，有些人则没有。解决办法是让那些有很多金银的人借金银给那些没有的人。银行家负责安排一切，并从中收取费用。他们还解决了随身携带黄金不便的难题：人们只要随身携带由银行认证的金银存款记录凭证，在交易时不必使用真金白银，只要给出银行出具凭证即可。人们深信银行真的拥有这么多金银储备，大家也就很乐于接受这些寄存凭证。

结果，因为人们寄存金银的数量不同，他们手中持有了不同面额的凭证。银行家对此也有解决方案。他们会收集所有这些凭证，计算出谁欠谁多少金银。由于账目往往可以相互抵消，在每个会计周期结束时，只有少量贵金属需要转手。然后，银行家会在相关的账户之间转移这些贵金属。这个过程被称为结算。它的神奇之处在于，大量的纸质媒介交易经过归结之后，实际金属交易的规模要小得多。

人们通常不愿意在交易活动中使用他们存储的贵金属，这让银行家看到了一种为自己赚钱的新方法。他们发行纸币，声称纸币数量代表了他们拥有的贵金属数量。但实际上，他们发行的纸币数量远远超过了拥有的贵金属数量。然后，他们把这些纸币借给那些自己没有贵金属或没有足够的贵金属来进行交易的人。借贷人承诺在约定的日期归还这些纸币，并支付利息。这种创新需要一些新的魔法，因为如果所有人同时都想用纸币来交换贵金属，那么银行的贵金属很快就会告罄。银行家向一位货币巫师求教，于是他施了一个咒语，让每个人都对纸币深信不疑。不过，咒语有时也可能无效，人们会冲到银行去确认他们的贵金属还在不在。这时候，就需要一些东西缓解人们因纸币数量与贵金属数量不平衡产生的焦虑。

碰巧的是，这个货币巫师曾穿越到现代，观看了弗兰克·鲍姆的电影《绿野仙踪》。他对影片中巫师让人感觉良好的方式印象深刻。这位巫师并没有魔法，他只不过是给了胆小的狮子一枚奖章，让它觉得自己很勇敢；他授予稻草人一张文凭，让他感觉自己有头脑；他给了铁皮人一个嘀嗒作响的心形手表，让他拥有了情感。童话故事中的货币巫师说，银行业的困境可以用一个新概念来合法化，即"部分准备金制度"。于是银行得以继续做出他们无法兑现的承诺，从此每个人都过上了幸福的生活。

---

在资本主义社会取得长足发展之前，许多人依赖物物交换——用一种商品或服务交换另一种商品或服务。

正如上面的句子所示，前文讲述了一个在经济学界中仍然很流行的故事：在历史上，货币出现的基础是以物易物经济。这个故事中还包含了传统经济和政治思想背后的许多关键理念的精髓。传说故事揭示出的关于货币的谎言和真相以及对它们的解读方式，无不反映在经济和政治决策的过程中。那么，关于货币起源，这一传说到底揭示了什么样的谎言和真相呢？

### 关于货币的谎言与真相

在这个传说故事中，最大的谎言是货币起源于易物贸易。这个故事告诉我们，在货币发明之前，人们直接交换商品和服务。这种基于双方都有对方想要的东西的假设，经济学家称之为"需求巧合"。易货意味着需要谈判。制鞋商和制帽商必须就靴子和帽子的相对价值达成某种共识，但找到可以进行直接交换的人并确定货物的相对价值是很难实现的。货币的发明是一个绝妙的解决办法。它为确定帽子和靴子的相对价值提供了一个独立的衡量标准，并提供了一种交换媒介，从而不必再去费力寻找直接交换方。价值尺度和流通手段，是经过经济学家确认的货币的两大基本职能。

唯一的问题是，这则传说故事里没有真相。历史学和人类学研究至今尚未发现以物物交换为基础的古代经济体，当然也没有发现故事中描述的那种个体之间以物易物的社会。在市场大规模发展之前，确实存在某些形式的货币，但它们并未被普遍用于产品交换。这些我们将在下一章中进行详细介绍。关于货币起源于物物交换的想象催生了另一个想象，即货币起源于市场交换。古代商人当然使用过货币，但在市场大规模出现之前，作为衡量标准和使商品及服务的转移成为可能的某些形式的货币，已经存在了数千年。传说中被发明出来的金属铸币，在市场经济成为社会常态之前两千年就已经出现了。

货币的悠久历史也对贵金属在货币起源中的作用产生了冲击。贵金属确实曾被用来制造各种形式的货币，尤其是铸币，但它不是货币的唯一形式，也不是货币的原始形式。贵金属货币的确在欧洲扮演过重要的角色，但即使在当时，它们的象征意义也要大于实用意义。金属铸币也具有误导性，因为它们历经岁月仍能保存下来，而其他形式的货币则更容易消失在时间的长河里。

另一个真相与谎言相交织的领域是现代银行业的起源。在传说故事中，银行的出现是为了应对持有贵金属货币的安全问题，以及随时可能出现的盗贼。为了避免被盗，这些货币交由银行家妥善保管。贵金属货币的所有人则会得到一份存款金额的凭证。因为每个人都信任银行家，存款的纸质凭证就发挥了与货币一样的作用。

的确，一些商人会将贵金属存放在银行，但这并不是银行业的起源。就像货币的起源一样，银行的历史也比贵金属货币的历史久远得多。银行的形式可以追溯到人类文明早期收集和分配谷物的现象。现代银行业也并非起源于贵金属硬币的发明。正如本书将在第四章中解释的那样，今天的银行起源于贸易协议和基于文件记录的贷款发放与贷款担保。

关于货币起源于易货和市场、贵金属货币的作用和银行的作用，对这些谬论及解释发起挑战非常重要，不仅在于它们对今天人们看待货币的方式产生了重大影响，还在于这些谬论产生了社会、政治和经济影响。

### 关于易货贸易的谬论

货币起源于以物易物的谬论对现代货币的构成方式产生了重要影响。易货贸易的概念将货币，特别是铸造货币的出现直接与市场活动联系起来。亚里士多德（公元前384—公元前322）提出了贵金属货币与贸易和利润之间的早期联系及对它们的促进作用。然而，在描述了经济学和牟利学（chrematistics）的区别之后，他认为这种联系并不合理。当时的经济学（oikonomia）大致可以理解为"家政学"，与今天的经济学（economics）概念不同，指的是亚里士多德时代的主要生产形式，即家庭为生存而进行的生产活动。oikonomia也是英语中经济学这个词的古希腊语词源。

然而在亚里士多德看来，家政学与贸易和逐利无关。他蔑视对金钱和财富的追求，认为这是牟利学（源自古希腊语"khrema"，意为"钱"，定义为研究财富和金钱）。2000年以后，市场上"贩卖和易货"的活动才得到了人们的肯定。亚当·斯密（1723—1790）对市场的作用高度赞赏，但即使如此，他也对原始经济学持保留态度，认为市场应建立在基于

"道德情操"的社会价值框架内。

奥地利经济学家卡尔·门格尔（Carl Menger，1840—1921）是货币起源于市场这一观点的主要拥护者。他以亚当·斯密的理论为基础，提出了货币自然产生于早期经济形式，即物物交换时代的理论。这个观点是由门格尔在19世纪90年代早期提出的，货币起源于物物交换的谬论从那时起就成了传统经济学的核心思想。正如我们所看到的，这个谬论仍然在经济学教科书中反复出现。鉴于没有任何历史证据能表明曾存在易货经济或任何成规模的个人易货现象，这一谬论是如何传播得如此广泛的呢？答案是：关于以物易物经济曾经存在的断言并非来自历史证据，而是来自货币如何在市场中发挥作用的理论。

易货贸易起源理论是一个思想实验的结果。该理论并没有去验证在市场出现之前曾出现过什么样的经济形态，而是由货币在市场经济中的运行方式反推而来。那么问题就变成了：如果没有发明货币，市场将如何运作？结论是人们会进行物物交换。而物物交换的不便催生了货币的发明。再假设货币的原始形态是金或者银，货币起源的"商品货币学说"由此诞生。就像传说故事里说的，贵金属作为一种在市场上可以获得的商品，被用作了货币。

这一理论除了缺乏历史依据之外，还有一个问题——它假设在人类历史早期市场交换模式就已经存在，唯一不同的是货币尚未出现。其中存在两方面的错误。正如我们将在下一章讨论的，尽管大多数人类社会并没有形成市场，但都曾出现过某种形式的货币，并且没有历史依据表明历史上曾存在过没有货币的市场。

货币起源于物物交换这一谬论对人类的意识形态产生了深刻影响，它通过将个人主义的市场行为投射回市场出现前的社会，断言市场行为对人类具有决定性影响。对物物交换的强调将人类个体描绘成了独立的经济计算器，时刻在衡量着自身行为的"效用"。以此衍生出的货币源于市场的理论，为当前以市场主导为核心的新自由主义意识形态提供了理论支撑。按照这一理论，货币起源于在市场交换中对贵金属铸币的应用。这也衍生出另一假设，即货币的创造和流通一定始于市场也终于市场。由于财富被认为是货币及用货币购置的资产的总和，市场就成了人们眼中财富的终极源头，因为它创造了货币。

将市场视为货币和财富的来源，影响了当代人对国家的态度。新自由主义意识形态采用了被笔者称为"手袋经济学"的观点，将国家视为"家庭妇女"。政府被描绘成一个没有收入来源的、必须依靠市场负担得起的"家用"来生活的主妇。监管和税收越少越好，国家的权力越小越好，对福利支付的限制越多越好。货币被视为一种稀缺和有限的资源。如果国家有所支出，一定意味着有一些人，也就是"囊中羞涩的纳税人"需要从口袋里拿出钱来。如果想让人民的财富最大化，唯一的解决办法是必须大力削减公共支出，为市场留下尽可能多的自由资金。

提供能使人类繁荣发展的商品和服务必须依赖于市场的成功，这种思想对社会优先事项产生了破坏性影响。如果一味追求金钱和财富最大化（亚里士多德曾批判过这一点），除此之外没有其他目标，那么市场以外更广泛的社会福利或环境保护等类似的人类关切，就不太可能实现。

与货币源于市场的谬论相去甚远，国家在货币发展史上扮演着重要的角色，我们将在第三章中进行介绍。目前，大多数国家的铸币权仍掌握在国家手中。然而，从20世纪后半叶到21世纪初，在世界某些主要市场经济体中，通过将中央银行从政府中独立出来并强调国家不应该"印钱"，国家的印钞权遭到了剥夺。在西方银行体系陷入危机时，国家不应该"印钱"的禁令被迅速撤销。本书第五章将对这一过程进行说明。笔者认为，国家在货币生产和流通中持续发挥作用会从根本上削弱新自由主义者所强调的市场中心地位。

### 关于黄金的谬论

货币的原始形式是黄金和其他贵金属，这是一个谬论。

真实的情况是，黄金和白银货币确实曾在欧洲文化中发挥了重要作用，并对人们看待货币的方式产生了持久影响。金银货币对于传说的重要性在于，贵金属货币具有内在价值。它具有这种内在价值是因为它能在市场上作为一种商品进行交易。这意味着当人们接受用货币来交换商品或服务时，他们是在交换同等价值的物品。比如，当制帽商卖掉他的帽子时，他会得到等值的金币或银币。人们使用和信任贵金属货币正是基于这种价值上的对等。因此，黄金和白银被视为理想货币，而其他用料普通的货币则都不能很好地反映出这种等价性。

的确，许多形式的货币本身就很珍贵。金、银和其他贵金属之所以有价值，是因为它们相对稀少，难以获得。同理，在世界的某个地方很常见的贝壳在另一个地方可能就很少见。有些其他形式的货币本身是有用的，而不是稀有的，比如牲畜、谷物或工具。有些货币的价值在于它所蕴含的创造力水平，比如磨成特殊形状的成串贝壳、采用了特殊工艺的布料或雕刻石盘。这些具有实用性或装饰性的货币形式大多出现在前市场社会和前国家社会中。

然而，并不是所有形式的货币都是稀有的、有用的或美丽的，所以这些属性并不足以说明人类为什么会信任和使用货币。而当今社会的货币肯定不具备这些属性。

在传说故事中，贵金属货币的内在价值不是基于稀有度、有用性或创造力，而是基于黄金或白银在市场上的价值。这就是为什么贵金属货币经常被称为是"商品货币"（拉丁语为"实物"的意思）。使用有价值的商品作为货币的问题在于，如何对贵金属本身进行估价。在市场体系中，商品的价格是由市场本身决定的。在这种情况下，每次使用贵金属货币，都需要重新定价。因为它本身的价值是不固定的，所以，贵金属货币仍可以作为其他商品之间的交换媒介，但它并不能作为通用的价值尺度。使用商品货币实际上只是另一种形式的物物交换，即在贵金属和它所交换的商品、服务或债务之间讨价还价。

这就产生了一个悖论。因为需要将一种商品或一种服务与另一种商品或服务进行比较，所以如果把一种贵金属当作货币来使用，它就需要有一个固定的价值。但是，贵金属作为一种商品，它的价值则必须由市场来决定。要判断市场上任何一种商品的价值，就需要设定一种衡量比较价值的手段。这就是货币的职责。黄金和白银作为商品，是不能充当衡量自身价值的货币尺度的，因为没有外在的标准，无法衡量商品的相对价值。解决这个问题的方法之一是将黄金和白银相互定价，但即便如此，其中一种的价值也需要固定下来。

货币自身具有内在价值，还产生了其他问题。使贵金属货币有价值的因素可能与它作为货币的用途相冲突。如果货币的价值是建立在稀缺性的基础上，可能出现的问题是没有足够的货币用以支持全面的市场活动。因为贵金属货币不适合用于日常交易，其高价值也可能使它在生活中起不了太大的作用。在历史上，即使是最小的贵金属货币也有很高的价值，往往相当于几只羊或许多天的劳动。这使得它们不适用于小规模的本地交易，如屠夫、面包师和烛台制造商之间的交易。

像金银这样的金属也并不实用，因为它们质地很软，容易损坏。不道德的金银持有者可能会将金银类币"刮掉"一些。这两个问题都是通过将贵金属与硬质金属混合来解决的，但这只会使测量货币价值的工作更加困难。最有用的货币形式是那些本身没有价值的货币，这一问题我们将在后面进行讨论。其中最成功的是现代的法定货币，它们有固定的面值（如10美元、5欧元、20英镑）。

如果这个传说是真的，货币是自然地从黄金和白银等商品中产生的，那么其发展历程应该会在历史上留下痕迹。我们可以从中得知：这些贵金属从何而来？谁拥有和控制矿藏？这些金属一开始出现时是成块使用，还是仅仅作为硬币出现？谁在把控货币的铸造过程？如果贵金属成为货币是一种发明，那么一定会有一个"尤里卡"（顿悟）的历史性时刻。那又是谁在哪里得到的这一顿悟呢？以上这些问题在传说故事中既没有提出也没有回答。历史依据确实能够证明贵金属最早开采和使用的时间和地点，但那远在市场出现的时代之前。

尽管贵金属货币的历史晦暗不明，但它对欧洲货币体系产生了重大影响。这个传说留下的主要遗产是让人们认为钱是稀缺的、有价值的，尽管事实恰恰相反。虽然人们现在都已经认识到货币本身没有价值，但仍有一种根深蒂固的观念，即它应该有黄金或其他等价品做"支持"。在英国，这一理念曾得到积极的推行。正如我们将在第三章中讨论的，英国政府曾实行过金本位制，目的是让所有的货币都以黄金作为基础。但实践证明金本位制推行起来非常困难，经常被暂停并最终被废止。虽然金本位制在英国已被废止多年，但"货币基于贵金属"这一谎言的余孽仍存在于英国的钞票上。每张英镑上都写着"我承诺在持票人要求时支付5镑（或10镑、20镑、50镑）"，并由英格兰银行总出纳签字。最初这是一种为持票人兑现金属硬币的承诺。但今天，这张纸币只能兑换成另一张面额完全一样的纸币。而且，正如前面指出的，其他现代纸币上连这样的承诺都没有。

即使贵金属真的是货币的起源，其几百年来也没能在欧洲普遍流通。大家都已经接受这一概念——现在所有的货币都是法定货币。也就是说，这种货币本身没有价值，也没有任何具有内在价值的"真正"货币（比如黄金）支持。但这似乎并没有削弱现代货币的用途。今天的大多数货币仅以银行记录的形式存在，这一事实驳斥了货币应该由稀有的东西或应该由实物制成的观点。银行账户和钞票不存在稀缺性。任何对银行网点、银行贷款或纸币的数量限制都是由银行本身和（或）发行货币的当局决定的。

### 关于银行的谬论

关于银行的谬论可能是所有谬论中最具误导性的，而这些谬论在很大程度上至今仍与我们同在。按照这些谬论，银行创造和发行的货币应该有储备（货币储备）或资本资产（银行本身的财富）作为支持，即使这些储备和资产只是"一部分"。这也就意味着，银行只能提供在银行注册的所有账户总价值的一小部分（通常最高为10%，但实际情况往往更少）。第二个谬论与第一个谬论相矛盾，即如果说银行只是连接储户与借款人的中介，那它们在货币的创造中没有任何作用。

在传说故事里，人们会把贵金属货币交给银行保管。这种做法有一定的道理，携带贵金属旅行确实非常危险。这些规避危险的举措的确促进了纸币和银行业的发展。然而，这只适用于长途贸易或帝国冒险的背景之下，而不适用于本地生产和消费的日常世界。尽管如此，传说故事还是假设贵金属在市场交易中被广泛使用，并会被所有者存入银行。存储人会收到一份标有金额的书面凭证，可以在付款时将其转让给他人。持有该凭证的人可以从银行取回全部或部分贵金属货币。

存款逐渐成为贷款的基础，这个传说故事继续说明了银行系统是如何随之发展的。关于贷款是如何发放的，有很多种假设，其中一些在今天引起了共鸣。一种说法是，银行充当了存款人和借款人之间的中介，并假设其得到了双方许可。如果这些存款是贵金属或任何其他数量有限的实物货币，在借方没有偿还之前，贷方将无法收回借出的钱。另一种说法是，银行并不征求存款人的同意。它把所有的存款集中起来贷出，赌的是所有存款人大概率不会在同一时间来将存款取回。这就是银行部分准备金制度的原理。

在传说故事中，设想的贷款方式借出的并非贵金属存款实物，而是金属货币的书面权益。由于实物货币并没有真的被借出，这就使得银行可以发放比实物货币更多的贷款。然而，这并不能解决问题，因为传说故事中必须要处理一个现实问题——流通中的纸币比贵金属存款多得多。

另一种银行起源的传说消除了对"部分准备金"理论的需要。人们认为，问题在于货币与贵金属之间的联系。这就导致了真正的货币（贵金属）和纸质"代币"之间的区别。比如我们上文讨论过的黄金，如果贵金属被视为理想的货币，那么纸币和其他形式的货币将永远被认为是低端的。稀缺而有价值的"储备"或其他形式的"支持物"必定是有限的。然而，如果证明纸币本身被视为货币，那么真正的货币和"代币"之间的区别就不复存在了。

需要某种形式的"真实"货币作为储备存款的传说一直到近代还有市场。在纯法定货币出现后，一些国家（尤其是英国和加拿大）才意识到储备"真正"货币的想法是毫无意义的。所有流通中的货币都不可能在银行换取黄金或任何其他"真正"的货币。货币本身非实物化后，剩下的问题就是拿到它们的人是否信任其名义价值（如10美元、20英镑、50欧元）。然而，人们仍然会假设银行发行的货币是由银行财富支撑的。银行监管机构要求商业银行拥有"资本充足率"，这一要求与准备金的比率基本相同。但此举并不能解决信任问题，因为现代经济运行所需的流通资金远远大于银行可用的资本资产。

发行比贵金属或银行家私人财富更多的流通货币，对市场和资本主义的发展至关重要。与早期资本主义贸易联系在一起的纸币数量的增长，不但不是源于贵重金属存款或银行家的个人财富，甚至可以说与它们毫无关系。它代表的是交易商之间的协议和承诺组成的网络。纸币的流通代表的是一种"人欠人"的模式，即对偿还或支付的承诺。与贵金属存款被借出的理论不同，纸质承诺书的流通只是对支付的承诺。这些票据是由债权和债务将会得到兑现的信任所支持的。"credit"（信用）这个词源于拉丁语，意思是"我相信"。这导致了对银行行为截然不同的看法。银行不是被动的存款管理者，而是一个承诺网络的核心。

虽然当银行发放贷款时，没有谁的银行存款账户数额变少，但银行依靠"实际"存款发放贷款的传说仍然有很多信众。有一个观点最近才被广泛接受，即在银行业，贷款业务是第一位的。正如我们将在第四章讨论的，不是存款创造贷款，而是贷款创造存款。银行的活动并不以先前的存款为基础，每发放一笔贷款，就会创造新的存款，从而创造新的货币并将其投入流通领域。银行金库里的金锭不是货币，流通中的纸币和在银行账户间流转的数字才是货币。这一点在现代经济中表现得尤为明显。私人商业银行在新货币创造和流通领域拥有特权，而属于大众的国家却不能"印钱"，这引起了人们的质疑。我们将在第七章就货币创造和流通的民主化进行讨论。

在探讨了关于货币的传说及其后果之后，现在我们需要再去研究一下其他理解货币的方式。

## 魔法解密：理解货币

理解货币的难点在于它存在于多种语境中，拥有多种形式和多种用途。现代美元与金币或一串珠子有很大的不同。现代货币在流通中不具有个性，一张美元与另一张美元没有任何区别。它们外观相同，面值也一样。相比之下，在雅浦岛经济体系中，两块相似的石币因其所有者和审美质量不同而具有不同价值（参见第二章的神话故事）。我们会在下一章详细介绍这一问题。

大多数经济学教科书通过确定货币在某个市场经济中的主要功能来探讨货币问题，因此货币通常被定义为交换媒介、计算单位、支付手段和价值储存手段。根据神话故事，货币的首要功能是充当交换媒介，它是货币的起源。然而，不管商品或金属铸币货币起源说正确与否，这些货币都已经被本身没有价值的货币形式所取代。今天的货币形式是贱金属硬币、纸币和电子货币信息记录。我们该如何理解这种货币及其来源呢？如果货币不源于市场，那么还应该在什么环境下对货币进行研究呢？在接下来的两章中，我们将探讨货币的社会历史和政治历史。接下来，我们先看一看货币的一些主要特征。

## 作为转移手段的货币

后面的章节将会指出，虽然货币确实可以被用于商业活动中进行价值转移，但货币也可以通过许多其他方式转移。与货币物物交换起源论的说法一样，货币作为交换媒介的定义意味着可以直接用货币来交换商品或服务。这只是货币的一种用途，货币在其他环境中也有广泛的用途，包括用于私人、社会和公共事务中。货币可以作为礼物、罚款或税款进行单向转移。因此，将货币描述为一种转移媒介而不是只具体地描述为一种交换媒介更为正确。那么，转移的对象是什么呢？大多数货币只是价值的一种象征，不像商品货币那样可以直接转移价值。它们是一种对价值的承诺。这种承诺可以用来购买商品和服务，支付罚款和费用，偿还债务，纳税或赠送礼物。

最重要的是人们认可并接受这些承诺。任何被人们普遍接受作为计算和转让商业、社会或公共价值承诺载体的东西，就可以被视为货币。对货币的定义可以以此开始。从在全球范围内被广泛使用的美元，到日元这样的国家货币，再到布里斯托尔镑这样的地区货币，乃至在保姆圈中流行的代币，货币体系可以是各种各样的。代表可转让承诺的实物货币可以是一张纸、一袋谷物、一片烟叶，也可以是一条电子信息。在监狱里，香烟经常被当作货币使用。接受者可以将香烟作为消费品，也可以储存起来以备流通。在第一种情况下香烟不是货币，在第二种情况下它就成了货币。香烟本身并不具备货币的要素，但人们可以将这些要素强加在上面。

使货币成为货币的，不是其本身所具有的特质，而是它所代表承诺的可接受程度或权威性。如果我们进行直接交换，我帮你洗衣服，你帮我洗衣服。交付完毕后，所有的衣服都洗完了。如果我给你钱请你帮我洗衣服，这就是一种承诺，你可以消费这一承诺，也可以用其他方式将其转让。接下来，这些钱的未来接收者可以以各种方式使用被转让的承诺。有趣的问题是，谁有权利开启这一连串的承诺，又该如何结束？从逻辑上讲，钱必须有一个最初的来处。如果货币是一系列可转让的承诺，那么一定有人或机构做出了第一个承诺。在这个过程的最后，会有人拿到一个永远不会兑现的承诺吗？这些承诺从哪里开始，又在哪里结束？当货币的循环结束时，最终是会完成一次支付，还是整个过程仅仅是承诺的持续转让？笔者认为，普遍被认可的可转让承诺有两种原始来源，它们可以被称为"神奇的摇钱树"：银行贷款和公共支出。

无论它的来源是什么，证据已经表明货币的价值不在于它本身，而在于它所代表的价值。即使涉及的对象确实具有内在价值，情况也是如此。贝壳串本身当然具有价值，但如果不被用作货币，那它们就只是装饰品了。例如，在印度，黄金主要被用作珠宝。贵重物品确实能够储存价值，就像印度的黄金一样。但如果想让贵重物品发挥货币的作用，它们就必须以可识别的货币形式出现，黄金首饰也就必须以卢比的形式计价。如果想要将黄金作为货币使用，就需要将其铸成硬币或作为国家货币出售。商品货币当然可以作为一种价值储存手段，但这种价值不是固定的。金银的市场价格一直在波动。与之相似，非贵重物品货币的价值也可能会出现大幅波动，就像加密货币比特币在2017年的情况一样。

货币之间也有相对价值，比如比特币相对于美元或英镑，英镑相对于欧元。然而，面对同一种货币，货币的价值就是其票面价值，1美元只值1美元，1英镑也只值1英镑。一张5英镑的钞票不可能价值6英镑。5英镑能够买到的东西可能不同，但5英镑钞票本身的面值是不变的。这是货币的重要特征，是判断其他价值的票面价值尺度。

## 魔杖：作为标尺的货币

不具备内在价值的货币，相比于自带价值的货币，在我看来才是最有用的。尽管存在严重的政治问题（这将在第六章中讨论），但由硬币和5、10、20、50四种面额钞票组成的欧元，作为衡量价值的标准使用起来非常方便。票面上没有任何提示说它有其他价值。就这一点来说，它就像一把有固定点的尺子。这与欧元的购买力无关，因为在不同社区欧元购买力的差异很大。对所有人类社会来说，无论货币的形式或用法如何，都需要有一个公认的标准来比较价值。满足这种需要十分重要。

在下一章中我们将看到，货币最早的用途之一是作为比较价值的象征。贡品、礼物、嫁妆和伤害赔偿，都得用适当数量的"货币"来表示。不管是猪、牙齿、布匹还是石头，都可以作为约定俗成的"货币"。这样一来，礼物的价值就可以进行比较，对犯罪行为也可以根据轻重处以不同程度的罚款。

测量标准在早期文明中十分重要。寺庙和皇宫等机构需要为粮食和其他产品的生产和分配做记录。最常见的方法是采用谷物的数量和重量作为标准，但也有很多其他种类的标准。一种早期的测量方法采用的是码尺。在这些木尺上，两个相邻的凹槽之间的距离是标准的，可以用于测量数量或记录其他数据（如天数）。木尺和粮食都不短缺，这表明只要能够得到人们认可并具有一致性，选择将什么东西作为货币并不重要。重要的是要有一个可以用来计算、比较和记录的标准尺度。有了标准尺度，就可以利用它们来记录收入与支出，计算粮食产量，比较税收支付能力或分配粮食及其他物品。如果标准本身的价值发生变化，这些记录和账目就会变得混乱。所以，与货币起源的传说不同，人们相信货币并不是因为它们是由有价值的商品制成的，更重要的是选作货币的东西具备一定的标准和可靠的特性。

正如前面指出的，现代法定货币是货币作为记账单位的典范。现代货币完全是社会承诺和政治承诺的代表。它们既没有内在价值，背后也没有其他支持。货币可以是一枚硬币、一张纸币，也可以是一张塑料卡或手机上的一串数字。它表示的是持有人有权要求与它所标明的价值相等的货物和服务，或有责任支付其标明的数额。货币被用来表示不同等级的权利（工资、福利、奖金）和义务（债务、罚款、税收）。这些权利和义务可以是社会、政治方面的，也可以是经济方面的。

与传说故事中设想的货币起源不同，货币自身具有内在价值，会让人们无法分清它究竟是商品还是货币。一旦货币自身具有价值，就会破坏其作为记账单位的功能，因为随着时间的推移和环境的变化，货币的价值会发生变化。因此，贵金属货币算不上是理想的货币形式，相反，它甚至可以说是最不理想的货币形式。

## 对传说发起挑战

尽管所有的证据都指向相反的方向，现代经济学的基础假设仍然与货币起源于市场的传说有关。"货币是稀缺的，是市场的产物"，这一观点是新自由主义的核心思想，而新自由主义在20世纪末和21世纪初在经济思想领域占据了主导地位。正如前面提到的，新自由主义的"手袋经济学"将公共部门视为市场的累赘。因此，公共开支应该受到严格限制。在新自由主义的世界观中，不存在来源于公共部门的货币或独立的公共经济。

这忽略了历史上那些非市场国家经济体的重要性。在这些经济体中，市场仅发挥次要作用。后面的章节将展示几个世纪以来国家权力是如何创造和流通货币的，并说明在市场主导下以国家货币形式供应公共货币是一个很晚才出现的现象。我们需要做的是夺回这一国家权力并使其民主化。

与传说故事截然不同，本书讲述的是另一个版本的货币故事。在这个故事中，货币的发展与社会习俗、权力结构以及市场力量都有莫大的关系。笔者认为，必须要关注现代货币的社会和公共基础，而不是假定货币只具有经济作用。尤其是公共货币。尽管所有的货币都是可被转让的承诺，但英镑与代金券、比特币之间存在着巨大差别。英镑是得到公开授权和担保的，相比之下，代金券的兑现取决于发行方的诚信度，比特币的发行则取决于计算机程序的有效性。任何被普遍接受作为可转让承诺载体的东西都可以被视为货币。然而，只有某些形式的转移机制才能获得政府授权的货币地位，即公共货币。

货币的神奇之处在于它短暂的历史和至关重要的社会现实意义。与其他有具体实体的经济学概念（如土地、资源、人力劳动等）不同，货币没有"天然的"基础。现代货币尤其如此。如前文所述，现代法定货币实际上算是无中生有的。美元、英镑或欧元只是价值的象征和可转让的承诺。因此，货币是最具社会属性的东西，它是一种建立在对这种货币符号的共同认可基础上的信任。在大多数人类社会，甚至是最早的人类社会中，都出现过可以视为货币的东西。这一事实揭示了货币的重要性，我们将在下一章中对其进行探讨。本书想要揭露的最主要的真相是货币是一种社会、政治和经济现象。因此，与起源于黄金和市场的传说不同，货币具有多种历史起源。我们将在后面的章节中一一介绍。

# 第二章

## 古老的魔法：国家与市场出现之前的货币

CHAPTER 2

没有交换媒介或价值单位的社会……还从来没有出现过！（艾莉森·欣斯顿·奎金）

货币起源的传说提到，货币产生于个体之间物物交换形成的类似市场的环境中。正是因为货币的发明，一个真正可以灵活交换商品的市场得以创造出来。所有物品和服务都可以以商品的形式获得，并且通过货币体现价格。每种商品的价值都可以用等值的货币来体现。货币本身的价值来源于它作为商品的身份。选择贵金属作为货币是因为稀有并受人喜爱，而且还具有便携、耐用、可塑和易于分割的特点。基于货币的基本职能，其被定义为设定和比较价值的尺度（记账单位）及流通手段（在上一章中被再定义为价值转让手段）。

这一传说的主要问题是缺乏历史依据。无货币易货是经济体建立的基础，但这一传说的核心论断无法得到证实。同样，货币起源和市场发展之间的联系也没有证据支持。硬币作为与传说紧密相关的货币形式，比市场起主导作用的社会出现早很多。即使传说是真的，现代货币也是法定的和基于信用的（fiduciary源自拉丁语fidere，即信任），与贵金属无关，也与该货币体系所包含的整个经济体的生产力之外的其他东西无关。这并不是说在市场经济中，货币不具有特定的特征和功能，但这些并不能反映货币本身的起源或普遍性。

如果货币不是由其市场形势来定义的，那又该如何理解它呢？本章一开始引用了艾莉森·欣斯顿·奎金的话，根据她的观察，大多数（如果不是全部）人类社会中存在着一种可以被描述为货币的东西。因此，研究在市场和国家普遍存在之前的货币的性质和用途，将有助于我们加深对货币的理解。人类学家收集的在市场和国家之前的证据，展示了一系列有趣的货币形式。从密克罗尼西亚雅浦人的石币开始，本章将对一些最著名的传统货币进行探讨，并找到它们与现代货币概念的相关性。

## 雅浦人的石币

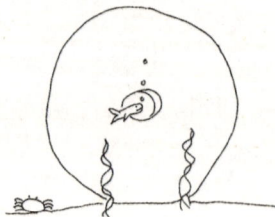

Kick Me

南太平洋密克罗尼西亚的雅浦人拥有一种由巨大的圆形石头组成的货币，其中一些直径达12英尺（1英尺=0.3048米），质量达数千千克，需要大量的人力来运输。

为了便于运输，每块圆盘状的石头上都打有一个洞。但由于太过笨重，这些石头并不经常被移动。雅浦人的货币既不方便携带，也不可分割，却非常宝贵，因为制作这些石币所用的石灰岩在雅浦岛上并不存在，主要产地在距离雅浦岛数百英里（1英里≈1.61千米）的帕劳岛，获取非常困难，开采后需要通过海路进行运输，据说最有价值的一枚石币就是在运输过程中沉入海底的。另外，采石权也需要雅浦人用珠子、庄稼和其他物品来换取。

雅浦石币很少被用于贸易或小规模采购，主要是用在社交和政治领域，如结婚、继承、财富象征、政治交易、联盟或赎金交付。人们也不会将这些石头作为个人资产私藏起来。相反，人们会将它们排在小路上或摆在公共建筑外面。鉴于石头的大小和在社会中的重要性，它们几乎不会被移动，当下的所有权建立在社会承认的基础上，所有权的转移也是如此。其价值并不取决于石头的大小和形状，而在于历史的长短。越古老的石头价值越高，如果石头曾经属于特殊所有者或者与某些吉利事件有关，价值还会更高。

我们很难确切地知道使用石头货币的历史有多久，也很难知道雅浦人是如何使用石头作为货币的。但按照口述的历史，这种石头是由他们祖上一位探险家发现的。可能在制作初期，石币相对较小，但随着时间的推移，石币制作得越来越大。1871年，当遭遇海难的水手大卫·奥基夫（David O'Keefe）为岛上引入铁制工具后，制作石币的数量开始增多，从而导致后来制作的石币价值开始降低。20世纪初，当现代货币被采用后，石币基本上就停止使用了。

## 贝币

贝币可以说是最常见的前现代货币形式，它是由整个贝壳或贝壳的一部分构成。尺寸小巧的玛瑙贝最为常见，非常方便使用。玛瑙贝在古代非洲特别受欢迎，商人从盛产玛瑙贝的印度洋进口，赚取巨额利润。贝币的使用还与奴隶贸易有关。贝币也和金银一样，被同时用作货币和装饰品。为了实现更高的价值，贝币通常以贝壳串的形式流通，其中最著名的是北美地区的贝壳念珠。19世纪末，贝币在世界大部分地区消失了。不过，在非常偏远的社区，贝币仍然存在。

与雅浦石币相比，贝币更像现代货币。它不仅用于贸易，也会被用于社交和政治支付。贝币可以携带和分割，但并不通用。不同的社区使用不同的贝壳，就像今天的国家有自己的货币一样。然而，贝币通常是由商人引入的，并不是本土货币。贝币间的区别可能是基于获得贝壳的困难程度，或者是基于雕刻贝壳的特殊方式。

## 罗塞尔岛贝币

美拉尼西亚群岛的罗塞尔岛上的居民使用具有不同价值的贝壳，越稀有价值越高。这些贝壳来自岛上被视为圣地的海滩。它们代代相传，很少有新的。不同的活动会使用不同的贝壳。特殊活动需要特殊的贝壳，小额付款可以使用价值较低的贝壳。和雅浦石币一样，贝币的价值也会因为与特殊事件和特殊所有者有关而增加。

贝币主要有两种类型。Dap币是一种主要由男性使用的单个贝壳，Ko币是主要由女性使用的由十个贝壳组成的串钱。伴随着很多贝壳被单独命名并广为人知，Dap贝壳被加以区分。付款和交易时，Dap币和Ko币都可以使用。然而，这些贝币之间是不可互换的：支付通常要求使用某一种贝壳。跟一百个便士加起来等于一英镑（1英镑≈8.14元）不同，多枚价值较低的贝壳也不能换取一枚价值较高的贝壳。最受推崇的贝壳一般都在首长手中。它们可以被借用，并以价值较低的贝壳支付利息。

---

## 贝壳念珠

北美原住民使用贝壳念珠（wampum，来自wampumpeag，意为"白色贝壳珠子串"）作为货币。白色的珠子代表纯洁、光明和愉悦。颜色较暗的珠子则用于更严肃的事情，例如战争或死亡。制作贝壳念珠的贝壳产自长岛海岸。这些珠子由沿海部落制作，主要由妇女加工成型。贝壳念珠并不用于日常生活，而是珍藏起来用于仪式和社交，如交换礼物、讲故事、举办宗教仪式、记录重要条约和历史事件。

珠子被编织成精致的腰带，象征着持有者的地位和声望。贝壳组成的图案也很重要，当以不同的方式被串在一起时，传递出的是不同的信息。人们会接受训练，学会如何识别它们。这对有口述传统的社区很重要，因为贝壳念珠腰带可以用来记录条约或历史事件。

在节庆仪式上，例如举办部落之间集会或庆祝和平条约签订的活动，人们也会交换腰带。

---

贝壳念珠作为交易货币是从欧洲人开始的。最早，一名

荷兰商人开始用贝壳念珠串给当地的皮草猎人付款。和雅浦石币一样，荷兰人和其他殖民者，尤其是英国人开始使用金属工具大量生产贝壳念珠串。生产一直持续到20世纪初。值得注意的是，在17世纪中期，新英格兰①曾宣布贝壳念珠为法定货币。它的价值以铜币为参照（一枚白贝壳相当于一枚铜币，颜色较深的贝壳更值钱）。欧洲殖民者往往只看到了贝壳念珠的商业价值，而忽略了其文化含义。

随着当地部落开始使用贝壳念珠进行交易，其社会意义被逐渐削弱。越来越多的贝壳念珠进入市场流通或被用作交易，这也产生了一些其他负面影响。随着海狸和貂皮皮货贸易升级，当地野生动物资源受到了威胁。为争夺自己部落的贝壳念珠在特定区域的统治地位，在交易过程中还出现了部落间的冲突。

从这三个传统货币形式的例子中，关于货币更加广义的概念，我们能发现些什么呢？

---

① 新英格兰在美国本土的东北部地区，当地华人常叫作"纽英仑"，是美国大陆东北角濒临大西洋、毗邻加拿大的区域。新英格兰地区包括美国的6个洲，由北至南分别为：缅因州、佛蒙特州、新罕布什尔州、马萨诸塞州（麻省）、罗得岛洲、康涅狄格州。——编者注

## 石币和贝币是货币吗

如果按照传说故事中的说法，把货币定义为源自市场中商品交换的产物，那么雅浦岛的石币、罗塞尔岛的贝币和北美的贝壳念珠就不是货币。它们出现时，市场和国家都还不存在。然而，它们可以被有效地用于市场交易，就像玛瑙贝和贝壳念珠那样。虽然它们被高度珍视，但得到石头和贝壳本身并不是最终目的，作为其他事物价值的衡量标准才是重要的。例如，对于罗塞尔岛民来说，不同的社交环境需要不同的贝壳。贝壳念珠腰带是根据其用途而织造的，比如作为礼物，为了某个领袖或者签订和平条约等。

就像理想货币贵金属一样，雅浦石币之所以珍贵是因为它们稀缺。然而，大小和稀缺性并不能决定价值，之前所有者的社会关系和审美同样重要，甚至更加重要。雅浦石币像贵金属一样，必须耗费高昂的人力和其他成本进行探矿、开采和运输。然而，雅浦石币没有成为用于贸易的商业货币。相反，它的用途是象征性的，只与社会声望相关。与之相似，罗塞尔岛贝币和北美贝壳念珠也具有很高的社交价值。当贝壳念珠和雅浦石币被大量生产供市场使用时，这种情况就被破坏了。

这些传统货币的象征性，证明了那些认为现代货币应该基于稀有和有价值的商品的观点是错误的。要使市场发展起来，必须有数量充足的低价值货币供给。当变得更容易获得时，贝壳就成了一种可用于价值转让的货币，但也失去了其特殊意义，变得更像现代货币。玛瑙贝曾在许多国家广泛使用，比如中国的一些早期金属货币上就铸有玛瑙贝的图案。

当社区发展成国家时，将不寻常或有用的东西当作货币的现象并没有停止。早期的美洲殖民者曾用烟叶作为货币。在近些年的经济危机时期，各种各样的产品变成了临时货币。这不是物物交换，物物交换意味着每个参与者都能得到他们想要的东西。人们接受用罐装酸菜付款，不是因为他们想要酸菜，而是希望在以后的交换中能将酸菜交换出去。因此，酸菜成了价值转让的手段。不过，当人们将酸菜罐放在食品柜上准备吃掉时，它就不再是货币了。

然而，雅浦石币、贝币与贵金属货币有一个共同的特点：除了作为装饰品或文化象征，几乎没有使用价值。其他形式的传统货币则既有用又不稀缺。布币就是一个例子。

## 有用的魔法：布币

20世纪50年代早期，人类学家玛丽·道格拉斯（Mary Douglas）记录了乐乐人（Lele）使用拉菲亚树叶纤维布料的情况。乐乐人生活在现今的刚果民主共和国境内，布料是由部落里的男人和孩子们制作的，制作起来需要做很多准备工作。人们都穿这种布料，但几个月就会穿坏，需要经常更换。两幅布缝在一起就能制成一条裙子。但男士礼服裙最多可以用到10幅布，有华丽刺绣的裙子最为贵重。

这种布的主要用途之一是支付结婚费用，但作为礼物的拉菲亚树叶纤维布料也涉及社会关系的各个方面。它通过特别庆典、离别礼物、出生礼和葬礼在家庭成员之间流转，有时还会作为贡品献给首领。在一些比较正式的场合中，人们还会相互交换布匹，借此表明身份，避免冒犯对方。馈赠和交换布匹的行为将年轻人和老年人、各种亲属及不同村庄联系在了一起。只有以布匹作为入门费用，才能获得特定教派或年龄群体的会员资格。在有人受伤的情况下，布匹也被用来支付"血债"，或作为其他不当行为的罚款。然而可悲的是，从今天的角度来看，拉菲亚布裙当时的主要用途却是买卖妇女。在1950年，一名妇女的价值是100幅布，与一个奴隶的价格相当。

不同场合所需的布匹数量由当地的习俗决定。儿子成年后，应该给父亲20幅布；女人生了孩子，应该给她20幅布；结婚需要给父亲50幅布，给母亲40幅布；进入一个教派需要100幅布，这是给那些能占卜或主持治疗仪式的人的酬金。犯有轻罪，比如打架，至少会罚没2幅布，而赔付通奸造成的损害则需要100幅布。

虽然布匹是在个体之间交换，如儿子与父亲之间，但婚姻作为布匹交换的主要场合，可能涉及整个社区。每个村庄都会选出一个值得信赖、口才良好的人作为发言人和司库。因为互相侮辱、伤害或未能足额支付娶妻费用，村庄之间最终可能形成债务关系。这些债务将会通过向村庄各个家族征税来偿还。尽管如此，人们还是会广泛使用借贷来支付高价值的活动，如结婚。借贷者并不会偿还借来的布匹，但出借方会期望在将来适当的时候通过贷款实现债务互换。虽然男人和男孩可以通过制造更多的布匹来偿还债务，但他们更倾向于借钱，而不是编织新布匹。布匹并没有被囤积起来，而是被借出或以其他方式使用了。

乐乐人在交易这些布匹时，有一套复杂的方法。在相关的部落内部，货物转移时只需支付极少量的布匹作为名义货款。而在亲属网络之外，比如在与其他部落进行贸易时，乐乐布匹也可以用来换取一系列的物品。因此，乐乐布匹在该地区流传很广。在一些外部部落，它们被用来制成衣服；而在另外一些地方，人们并不穿乐乐布做成的衣服，这些布匹纯粹被用作未来贸易或支付时的货币。

道格拉斯指出，其他形式的货币也在悄悄流入，最常见的是比利时法郎硬币。法郎硬币的价值远不如乐乐布匹。道格拉斯记录道，即使她愿意按照法郎兑换布匹价格的两倍支付法郎，也买不到需要的日用品。买到布匹并不容易，因为谁也不愿意收取法郎。然而，乐乐人确实需要法郎来支付税收和罚款。但人们认为乐乐布匹太贵重，又不能以法郎的价格出售，因此年轻人就把法郎借给年长者用来偿还贷款。

布币引入了另一个维度。作为货币的贝壳和石头通常没有其他用途。然而，使用拉菲亚树叶纤维布料的目的就是做衣服。就像牛、粮食、刀、斧头或毯子等其他有用的东西被用作货币时的问题一样：毛毯什么时候是毛毯，什么时候是货币呢？答案是，必须是当毛毯被用作价值尺度或为了未来转让被接受时，才能叫作货币。乐乐布匹并不稀缺，但也与贝币和石币不同。雅浦石必须自几百英里以外的地方运来。贝币经常来自遥远的海岸。但乐乐布匹是乐乐部落的男人和男孩们制作的，货币也是由他们自己创造的。这似乎没有引发什么问题。尽管没有人限制生产量，但布匹并没有"充斥市场"。如果现代法定货币可以由人们自己制造，并且不限产量，一定会造成很多的问题。

就像使用贝壳念珠和玛瑙贝一样，这些布匹也被用于贸易领域，但它们并非起源于贸易。传统礼仪和其他社会活动不但是将布匹用作货币的源头，也是布币的主要使用场合。这表明，货币的社会功能先于它被用于市场交换。未能认识到礼仪用币的重要性，加上许多传统部落对交易的厌恶，导致了西方探索者的重大误判。

## 错误的魔法

19世纪70年代，亨利·莫顿·斯坦利（1841—1904）在非洲进行了几次探险旅行。最著名的是他找到了传教士大卫·利文斯通（David Livingstone），并且完成了寻找尼罗河源头的旅程。他在1874年至1877年的刚果之旅中，携带了大量传统形式的货币（布料、铜棒和珠子），用以换取食物和独木舟。为了将这些货币和其他装备一起运走，他还招募了200多名当地人。然而，他却未能以以物易物的方式顺利穿越非洲，还经常与拒绝贸易的当地部落发生冲突。他带领的300多人中有一多半死于疾病、饥饿、溺水、杀戮或潜逃。

奎金认为，斯坦利等西方人误解了铜棒或珠子等传统货币的象征意义。他们倾向于将其视为可以用于贸易的中性物品，而不是与社会关系、习俗和仪式有关的象征性货币，也没有意识到物品的价值并非来自其本身。在当地人眼里，一根黄铜棒或一块布与其他的黄铜棒或布是不一样的。就像今天，不同国家的货币通常也是不可以直接互换的。纸币采用的是同样的形式，都是装饰过的纸片，但试图在法国用英镑支付是行不通的。布料、铜棒和珠子可能表面上看起来是一样的，但它们在不同社会中的文化共鸣是不一样的。

奎金认为贸易不是货币演变的主要因素，被其称为"简单社会"的社区，不需要用货币满足基本的供给，因为这是在亲属关系网络中进行的。货币起源于社会关系。无论是作为价值的衡量标准还是作为价值转让的手段，在支付结婚费用和其所描述的"血债"（伤害赔偿金）时，才需要用到货币，此处指的是在有人受伤或死亡的情况下使用大量货币进行赔偿。正是在这两个领域，需要确定价值标准和规范的转让媒介。奎金认为，一旦有明确价值尺度的关于礼物或赔偿问题的习俗体系建立起来（对于确定新娘价格和赔偿金数额，这是必要的），货币的演化就迈出了第一步。

我们否定了前文中的传说故事，明确货币不是为了克服易货交易的局限性而诞生的，之后的问题就变成了：以市场为导向的现代形式的货币与传统社会有什么联系呢？人类学家提出了一种新的动力：互惠。

## 公共魔法：互惠

我们现在关于货币的概念，以及通过买卖来获得货币从而增加个人财富的行为，在传统社会中是很少见的。

自学生时代起，奎金就开始研究传统货币，她对易货贸易的经济假设提出了质疑。她指出，易货起源论认为货币的诞生是为了克服易货贸易中货物匹配不便的难题，但在传统社会中并不存在这样的问题。在传统社会中，没有直接的物物交换。人与人之间的互动会随着时间推移而增加，涉及一系列的习俗和期望。她还认为西方人对货币的传统形式和用法存在根本性误解。

对于如何理解与多种经济交换形式相伴的复杂仪式，人类学家意见不一。1922年，伦敦经济学院的人类学家布罗尼斯拉夫·马林诺夫斯基（Bronislaw Malinowski）出版了《西太平洋上的航海者》（*Argonauts of the Western Pacific*），这本关于特洛布里恩群岛库拉环（kularing）交换仪式的研究著作非常有名。库拉环是岛屿部落之间共同举行的一种复杂仪式，包括漫长的海上航行和交换非常珍贵的臂章和项链。马林诺夫斯基将库拉环视为一种刻意的行为，旨在维持群岛上有权势的个体之间的良好关系。库拉环仪式的巡游路线是一个完整的圆环，臂章朝一个方向，项链则朝相反的方向。

伴随着库拉环仪式，会完成各种物品的交换。马林诺夫斯基认为不应将库拉环仪式上交换的物品视为早期货币，因为它充满了魔法、精神和文化意义。尽管如此，这趟危险的旅程还是有一个供应逻辑的。群岛中的各个岛屿在地理和资源方面各不相同。有些面积广大、物产丰富；有些则相对贫瘠，需要进口食物。在相对贫瘠的岛屿上，人们培养了其他技能，比如制陶和建造独木舟。虽然重点是在仪式上交换臂章和项链，但各个岛屿间建立了长期的互惠关系，各方都有义务提供用于贸易的货物，并在必要时提供食宿和援助。

在个别岛屿上，马林诺夫斯基发现了大量公共劳动的遗迹，如建造独木舟的场所和提供食物的种植园。尽管地位较高的人的种植园工作会首先被完成，但这种劳动形式的基础是习俗而不是权力。参与这种集体工作能获得社会威望。共同劳动的动机是参与，而不是获得报酬。

法国人类学家马塞尔·莫斯（Marcel Mauss）认为，传统货币形式和现代货币形式之间存在更多的联系。重要的是，被交换的象征性物品是否拥有货币的某些功能。它们的比较价值是否得到了确认，物品的转让是否被视为履行义务或偿还债务？他认为这些问题的答案为"是"。交换的物品存在着可识别的价值尺度。

马林诺夫斯基认为，仪式上交换的物品充满了魔法和文化意义，不能被视为货币；而莫斯认为，魔法特征并不妨碍它们拥有公认的货币职能。因为在物品交换过程中存在预期，所以换来的物品可以被视为支付物。这些交换是在不同部落之间进行的，类似"无声贸易"，部落之间会互相赠送礼物。渔业部落会送鱼，而森林部落可能会送水果。

马林诺夫斯基不认可将各种护身符称为货币，而门格尔等经济学家支持货币源于物物交换的观点。莫斯的态度与他们都不同。在1925年发表的文章《礼物：古式社会中交换的形式与理由》（*The Gift*）中，莫斯认为互惠是人类社会进化中的一个重要组成部分，认清这一点对理解货币的起源很重要。莫斯认为，传统社会的交换是以互惠为基础的，而在西方社会的固有观念中，经济交换的目的是通过物物交换和讨价还价实现经济效益和个人利益。

这意味着大部分的物品交换并不是在市场中进行的，而是在给予和被给予的社会网络中进行的，并且还随着时间的推移形成了广泛的互惠。这使得早期的供给更像是一种互助或福利制度，而不是市场交换。互惠供给的道德基础是义务和权利，而不是对个人经济利益最大化的计算，它鼓励人们慷慨，而不是吝啬。互惠的目的是构建社区和维系关系，而不是积累资产。它优先考虑的是社区的福祉，而不是个人财富。

莫斯的理论后来得到了很多人类学家的支持。马歇尔·萨林斯（Marshall Sahlins）在他1972年出版的《石器时代经济学》（*Stone Age Economics*）一书中，确定了三种类型的交换：赠送礼物或慷慨互惠，其中不存在完全的对等，但随着时间的推移，关系会趋于平衡；平衡或等价互惠，即参与者之间需要是对等的关系；市场交易或消极互惠，即各方都试图将自身利益最大化。

从莫斯的著作来看，互惠交换作为货币的历史起源比物物交换更有说服力。货币的根源是社会，而不是市场。然而，互惠仍然假定在交换过程中有两个平等的参与者，也就是说，该理论与易货理论中的一些元素相同。物物交换和互惠都是基于交换的概念。物物交换被设想为基于一种个体层面的类似市场的互动；互惠同样被认为是个体或群体之间的互动。交换可能需要一些时间，但也存在很强的等价性。

相对于物物交换理论，货币起源于互惠理论的提出是一个很大的进步。它拥有更多人类学方面的证据，但也存在一定的局限性。尽管互惠理论是非正式的且随着时间推移得到证实的，其关注的重点仍然是物品和服务的交换。这一理论也忽略了在国家和市场出现之前广泛使用货币的事实。这就是不再将交换和等价假设作为对货币的主要关注点，转而支持内涵更广的转让概念的原因。转让只能是单向的，比如缴纳贡品或纳税、捐献或捐赠，或如我们稍后将讨论的发行新货币。为了扩大关注范围，我们需要看看传统社会中所有类似于货币的计算方法。为了做到这一点，我们可以借用另一个传说故事中的头韵。

# Fe Fe Fi Fi Fo Fo：前现代社会对货币的使用

在童话《杰克与豆茎》（*Jack and the Beanstalk*）中，魔豆会长成巨大的豆茎。爬到顶部，杰克遇到了一个巨人，他发出一声可怕的"Fe Fi Fo Fum"。现代经济可以被看作历史豆茎顶端的巨人。它们似乎与市场、国家出现之前的小型社会没有什么共同之处，但它们之间的联系实际上比乍看上去要多得多。这些联系可以用"Fe Fe Fi Fi Fo Fo"来表示，代表盛宴（Feast）、费用（Fees）、罚款（Fines）、忠诚（Fidelity）、武力（Force）、礼节（Formality）。我想说的是，以这种方式拓宽关注点，将比仅仅关注市场或互惠模式更有助于理解现代货币。

从表面上看，货币在传统社会与现代市场体系中的用法大不相同。约定俗成的货币似乎很少用于社会内部的交易，也不经常用于社会各主体之间的交易。内部供应一般基于家庭或团体的合作和互惠。对外贸易有时是直接的易货贸易，但更多时候是作为礼物交换的长期复杂的互动。

在非市场社会中，货币主要用于非商业用途。不同于美元或欧元的通用货币，不同的物品会被用于特定的目的。高价值的实物货币可能会被保存起来用于特殊的支付形式，如结婚或对严重罪行的补偿。正如前面所讨论的，货币与价值转移有关，但是关于什么是有价值的以及价值的量度、机制和背景，答案可能非常不同。被作为货币的物品，可能承载着传统的、情感的或神圣的内涵。

我想说的是，站在市场的视角来看待货币会忽略"豆茎两端"的一些关键联系。在现代"巨人"社会中，货币仍有其他用途，而这些用途明显源于人类对货币的传统认知。

## 盛宴

在许多传统的社区，作为货币的物品在社区活动中起着重要作用。一个著名的例子是夸富宴。这是一个赠送礼物的盛宴，在北美西北海岸的原住民居民中广泛流行。夸富宴会在正式场合举行，社区首领在活动中相互竞争，看谁赠送或焚烧的物品最贵重，如动物皮、毯子和铜饰品等。该地区的权威人士禁止这种活动，他们认为这样做是具有破坏性的，违背了财富积累的原则。

盛宴也可能伴随着公共活动。有人认为，英国的巨石阵是在3000多年前由人们自发建设起来的，在建造过程中举行过很多次盛宴。因为巨石阵附近发现了大量的动物骨骸，其中许多骨头还是从几百英里外带来的，据此人们得出了这一结论。在许多现代宴会和盛宴庆典上有时也会使用篝火和烟花，不过一起焚烧珍贵物品的现象已经很少出现了。然而，富人们仍然希望通过慈善活动和慈善基金会支出财富来显示他们的优越地位。

## 费用

支付手段是货币的基本职能之一。此时，货币既是价值尺度也是流通手段。特别是对于男子来说，如果想要参加狩猎或参与社交之类的联合活动，他们往往需要加入社团或找到年龄相仿的群体。费用也会支付给具有特殊技能的人，比如举行治疗仪式或进行代祷活动的人。

收费是现代社会的一个重要行为活动。加入政党、组织或业余爱好俱乐部通常都需要付费。有时付费是为了获得一项特殊的服务，比如高尔夫球场的使用权，但通常会员制本身才是最重要的。政府和其他公共机构也会收取费用，例如给予驾驶汽车的权利、办理新护照或其他政府文件的权利，私营部门也会对提供专业服务收取费用。与本书中大多数与货币有关的活动一样，费用支付在社会、公共领域和商业环境中都有可能发生。

## 罚款

在人类学文献中，罚款随处可见。在没有法治或执法机构的社会中，人与人之间产生冲突可能非常危险。货币的主要职能之一是提供一个价值尺度，以此来判断侵犯行为的相对严重性。支付不一定是以货币的形式进行，但无论采取何种形式，都必须与要求的货币价值相当。在传统社会中，伤者赔偿金作为一种损害补偿方式非常重要。

今天，当工作事故、医疗疏忽或其他事故造成人员受伤，国家会对有过错的人或组织处以罚款。在当今社会，罚款一般不用于严重犯罪，因为那些犯了重罪的罪犯是通过监禁来处理的。罚款仅仅用于一些不那么严重的犯罪，只是针对欺诈等罪行的罚款数额可能会很高。

## 忠诚

这一说法将支付视为忠诚的象征，是对领袖或受人尊敬的人的一种敬意。贡品是一个模棱两可的词。它同时具有积极和消极的内涵。大多数字典中把贡品（tribute）定义为表示感激、尊重或钦佩的行为、声明或礼物。同时，它经常与"税"混用。在拉丁语中，"tributum"一词的意思是贡献或支付的东西，而"tribuere"一词可以翻译为支付、分配或赠予。也许这里最重要的词是贡献。在武力压制下上缴的贡品并没有忠诚的意味。

货币除了用于向社区领袖献礼，还可以用作向文化或宗教领袖支付报酬。即使是小规模的社区通常也有神社、寺庙或圣地。货币可以用来支付祭司的报酬、建造宗教建筑、酬谢神灵。

## 武力

在传统社会，进贡虽然是主动的行为，但认识到其可能是在武力的压迫下才实施的十分重要。好战的群体可能会去侵略和勒索，或通过暴力威胁其他群体并索取赎金。同样，地方首领也可以通过威胁、压迫索要贡品。

在武力威胁下转让货币和其他有价值物品的现象一直持续到今天。在受到殖民和被帝国征服的地区，传统群体被迫从事有报酬的工作或销售产品来赚取货币来缴税。各国仍然有权强制征税。社会和商业支付要求也可以通过制定法律强制实施。不仅如此，敲诈钱财的犯罪方式也有很多。

## 礼节

礼节可以说是货币在传统社会中最重要的用途。大多数传统仪式，如庆祝出生、悼念亡者、举办婚礼、行成人礼，都会使用具有货币功能的物品来表达庄严或庆祝之意。支付的形式、方法和数量通常是有规定的。尤其重要的是在婚事协商过程中支付的款项，对于这一款项，有多种解释。在最糟糕的情况下，它可以被看作是将女性作为商品进行交易；在最好的情况下，一大笔钱能够证明新郎或他的家庭有能力在未来为新娘提供良好的生活。充当货币的物品也被用于参加重要的社交活动，比如身穿华丽的贝壳腰带或重工刺绣拉菲亚布裙。与外部群体（很可能是敌对势力）交流的过程中，这些物品也可以被当作正式的礼物。

如今如果举行重要活动，做预算依然非常重要。婚礼可能涉及高额支出，举办大型活动需要为华丽的场面支付高额费用。迎婴派对（baby shower）越来越受欢迎，人们希望在孩子出生前就能收到礼物。退休仪式、结婚纪念日、举行葬礼都要承担相应的开支。

## 神奇的货币：古代货币和现代货币之间的联系

一旦摒弃了货币与贵金属和市场有关的传说，我们就可以看到古代货币和现代货币之间的联系。线索就在货币的社会和政治用途中。货币主要用于庆贺重要的传统仪式，以及避免来自社区内部和外部的冲突。

然而，传统形式的货币本身就具有内在价值，这一点与传说故事有一些重合之处。传说中，将黄金和白银作为货币是因为其具有内在价值，而前现代的货币形式本身就受到高度珍视。这有时是因为稀缺性，有时是因为人的劳动，如贝壳制品的造型设计或布料的织造。传统货币的价值可能是基于一枚货币本身的历史，比如货币属于一位有声望的前主人。但是这些传统货币，不管是什么形式，都没有市场价值。它们绝对不是商品，也不能转让。雅浦石币极少被搬动，拥有特定地位的人才能佩戴贝壳念珠腰带。

但是，它们都具备一项主要的货币职能，使人、物品、文化事件或政治事件的价值能够被比较。举个例子，贝壳腰带越精致，意味着佩戴者的地位越高或者佩戴者向另一个人或群体展示它的场合越重要。伤害越严重，罪犯必须付出的代价就越大。不过，这些都不能与市场上的价格等同视之。

笔者认为，在文化、社会或政治背景下，具有内在价值的货币出现的可能性要比在市场环境中大得多。货币起源于贵金属货币这一说法（这是前文中传说故事的核心）的缺陷在于贵金属的数量是有限的。问题在于，贵金属的稀缺性与市场对大规模、随时可得的转移媒介的需求不匹配。与重视投机和不断扩张的市场经济不同，传统社区不需要大量的货币转让，因为社区的日常供应主要是通过自给自足的耕种和互惠来实现，所以货币在社区经济中并不具备核心作用。人们对货币的主要需求是其作为一种衡量比较价值的尺度和一种可以发挥象征作用的充当货币的物品。

今天，在非市场、非国家社区，货币仍然保留着社会性质和传统用法，这是货币在文化、社会和政治维度的延续。货币并不一定与市场有关。它不仅是一种客观的衡量市场价值的方式，还是货币所有者身份和社会、公众信任的象征。现在更是如此，因为货币已经放弃了对内在价值的要求。古代社会的货币使用方法和货币的政治演变过程是有迹可循的，我们将在下一章中进行探讨。

# 第三章

账房里的国王：货币和国家

CHAPTER 3

　　"国王在他的账房，数着他的钱"，这是一首传统儿歌《六便士之歌》（*Sing a Song of Sixpence*）中的一句歌词。

　　国王是君主的一种。君主即统治者，他可以是国王、女王、牧师、总统、议会或拥有主权的人民。主权货币是由统治者或统治机构创造或控制的货币。这与上一章关于货币形式的观点是截然不同的。在上一章中，货币要么源自世界各地的传统习俗，要么如前文中传说所描述的那样，是在市场中自发出现的。而主权货币是建立在具体的权力行使的基础上的。

Kate Mc

创造货币的主权权力

　　主权货币与公共货币有相似之处，但并不完全相同，尤其是在现代。主权货币是由主权国家当局发行并流通的公共货币。如今，这种权力往往掌握在中央银行手中。我们将在下一章说明，中央银行在主权国家和银行业之间处于矛盾状态。在许多国家，货币发行权也被银行业接管了。不过本章讨论的，是从古至今执政当局在货币管理方面的作用。

主权货币不同于上一章讨论的传统货币。传统货币具有约定俗成的权威性。地位较高的人可以行使与传统货币形式相关的权利，但他们并不是货币的源头，也不能决定其形式和价值。正如我们所见，非市场社会中的货币主要与社交情境有关：如结婚、调解纠纷、进贡等，而大多数货币供给是在维持生计的基础之上进行的。这并不意味着完全没有经济转移，但经济转移对于社会组织来说是次要的。

主权货币也不像传说中说的那样起源于贸易。它出现在比人类文明更早的时候，也并不是由贵金属主导的。在贵金属货币和市场广泛出现之前，早就有了主权货币和会计制度。与传说故事里货币起源于勤劳的物物交换群体的温和观点不同，货币的主权历史与权力、冲突和国家认同是紧密联系在一起的。货币与自发形成的市场没有什么关系，而是与其他形式的主权权力紧密相连，尤其是税收。货币也不应被视为一种自然发生的现象。它必须是有组织的并得到维护的，这是主权国家的责任。最近的例子是2007—2008年国际金融危机后一些国家对银行业的救助。

在讨论货币的政治史时，把货币史和贵金属铸币史区分开来是很重要的。虽然创立欧洲货币单位在欧洲货币体系发展史中拥有核心地位，也是传说中的假设愈加深入人心的关键，但它只是主权货币可以采取的措施之一。在贵重金属铸币出现之前，国家在货币体系中就已经发挥中心作用了。

## 古代的货币形式

大约在公元前5000年，出现在今伊拉克地区的苏美尔文明是世界上最早的文明之一，位于底格里斯河和幼发拉底河之间肥沃的平原上。其大规模的农业生产和灌溉由宗教领袖领导，而寺庙则是管理中心。苏美尔人有一个集中的分配系统，他们用符号记录进出管理中心的货物。早期的象形文字似乎就是谷物、绵羊、山羊、牛和猪等产品的直接描绘。人们认为，在公元前3500年左右，正是基于这些象形文字，才逐渐发展出了文字。早期货币的发展也被认为与大麦这种主要作物有关。大麦被储存在仓库里，总重量则用一种叫作"舍客勒"的银币表示。硬币本身的大小也按照大麦的质量进行了标准化，一枚硬币的质量通常等于180粒大麦。

中国也是一个国家采用多种货币形式的例子。考古发掘的证据表明，玛瑙贝大约在公元前1000年开始被用作货币，并一直延续到了公元1300年左右。在公元前500年前后，人们开始把金属，如铜、铅、锡、铁、青铜和黄铜制成各种形状的货币，其中包括玛瑙贝形、刀或铲的形状。当时的中国是由许多独立的小诸侯国组成的，控制货币也是这些诸侯国重要的特征。高兹曼（Goetzman）记录了公元前386年田氏家族掌权时的情况。他们铸造的刀币（六字刀）刻有"齐造邦长法化"的铭文。高兹曼还请大家注意同一时代的一份文件，该文件认为，货币是一种比王令更有用的权力工具。

公元前220年，秦朝统一了中国，创造了世界上历史最悠久的货币形式——"铜钱"。它是一个中间带有方孔的青铜圆盘，可以用绳子串起来。穿成串的"铜钱"被至少沿用到了19世纪末。

中国金属货币作为主权货币，主要用于发放公务人员工资、缴纳税款和支付罚款。像大多数国家一样，铸币权是垄断的。然而，私人铸币现象不断涌现，官方有时会睁一只眼闭一只眼，有时则会严令禁止。中国也是最先使用纸币的国家。因为铸币原料中最贵的铜严重短缺，皇帝批准发行了纸币。

宋朝（960—1279）皇帝也认为以铜铸币成本昂贵，用铁替代太过笨重。为满足国家货币供给的需求，如维持军费开支以确保边境安全，官方发行了纸币。这种纸币以桑皮纸制成，非常结实，可以在个人之间流传。纸币上的一串串铜钱的图案代表了与铸币的联系。起初，民间商人有权发行纸币，但在1160年，私人发行系统崩溃后，纸币发行权被国家垄断。在同一时期，中国也开始了一些诸如茶叶贸易和贷款之类的商业活动。

忽必烈（1215—1294）颁布法令，确定纸币作为主要的流通货币。13世纪末，元朝建立了一家造币厂。据记载，1271年至1292年居住在中国的意大利探险家马可·波罗对政府发行的纸币没有贵金属作后盾感到非常惊讶。因此，是中国开发了第一种以法定（仅由国家授权）货币形式存在的主权纸币，这非常重要。

马可·波罗在中国发现了国家用纸币支付并购买所有所需物资的货币体系。这些钱随后就在商人之间流通。远道而来的外国商人出售货物，收到的也是纸币，之后可以用这些纸币购买新的货物。政府还用优惠的兑换政策鼓励当地商人用贵重物品（金属、珠宝等）兑换纸币。然后，商人们有权用纸币购买任何商品。根据马可·波罗的笔记记录，货币发行和流通的数量并没有限制。

值得注意的是，在中国早期货币史上，并没有出现金银的身影，纸币的使用也与金属完全无关。欧洲的情况则完全不同，对黄金的渴望影响了欧洲的货币体系，与中国货币的灵活性相去甚远，传说故事和贵金属是理想货币的想法占据了主导地位。

## 点石成金

迈达斯国王的传说，讲的是黄金的诱惑力。这个传说可能基于真实的历史人物，也可能是虚构的。根据希腊神话，迈达斯国王获得了一种神奇的力量，可以把碰到的任何东西都变成金子。结果，他饿死了，因为他碰到的所有食物都变成了金子。正如我们将要看到的，对黄金的渴望是危险的。

贵金属，主要是银，在古代曾被广泛使用，但将柔软的贵金属铸造成硬币的想法大约出现在公元前700—公元前600年。最早广泛使用银金矿（一种天然存在的金银混合物）制作硬币的是波斯人、印第安人和希腊人。硬币的发明则常与吕底亚王国（现位于土耳其）联系在一起，那里的商人和统治者是最早使用硬币的人。在对一座寺庙进行考古发掘时，有人发现了世界上最早的硬币窖藏之一，这表明硬币可能具有宗教用途。这些硬币不太可能用于日常交易，因为它们的价值太高了。这是贵金属货币的固有特征，它们的价值非常高，因此只有地位很高的人才能使用，与传说中起源于平民交易的设想相距甚远。

早期广泛流通的贵金属硬币体积小，形状不规则，由纯金属制成，可以通过称重确定其价值。起初，硬币上通常都是动物的图案，没有任何标记说明其铸造地点。当硬币在希腊文明中被广泛使用后，硬币上出现了与特定的城邦有关的名字和图案。由于在较偏远地区并未发现大量硬币，这表明硬币还并没有被广泛用于长途贸易。硬币在当地的主要用途也不是贸易，而是用于满足帝国建设和地中海地区不断发生冲突所产生的战争需求。历史证据表明，如果说贵金属铸币有起源，那就是战争，而不是市场。城邦之间的战争很大程度上依赖于雇佣军，他们为所有愿意付钱的人而战。白银成了主要的支付手段，用于帝国战争或富裕宗族夺权斗争。

货币政治史的核心是主权认同和权力。

## 作为护身符的铸币：冲突与权力

发行一种独特货币的能力是主权权力的主要体现。无论是在古代中国，还是铸币的出现地希腊，都是如此。直到20世纪，大批殖民地摆脱殖民统治成立新的国家时，与国旗、国歌一样，全新的国家货币仍然是国家地位的主要象征。这使得像欧元这样的"政治实验"成为对货币本质的有趣考验。一种货币能脱离政治框架而存在吗？这个问题将在第六章讨论。

最早使用铸币来支持帝国建设的是马其顿人。马其顿王国的腓力二世在其统治时期（公元前359—公元前336）利用他对金矿的控制来供养庞大的军队（以当时的标准）。其中一部分是常备军，其他部分则是雇佣军。更著名的是他的儿子，在公元前336年腓力二世被杀后，亚历山大成为马其顿的统治者。那时他才20岁，这位新的统治者将大量金属铸币用于军事目的。在位期间，他几乎一直在发动战争，直到公元前323年病逝，时年33岁。

在他漫长的军事生涯中，亚历山大领导了一次入侵波斯（现在的伊朗）的战争，并打败了从北非到埃及再到印度的所有军队。亚历山大每天要用半吨白银来支付士兵的军饷，必要时，他还会使用白银安抚敌人。他拥有20余座用于生产硬币的造币厂，硬币上铸有神像、英雄，印有亚历山大（ALEXANDROU）的字样。这种货币之所以受到信任，是因为它的金属含量和造币厂的可靠性。除了支付雇佣兵军饷，这种货币还被用于缴纳税款等其他用途。

公元前3世纪，罗马开始使用硬币。"mint"（铸造）这个词就源自那个时候。因为正处于罗马共和国时期（公元前509—公元前27）和伟大哲学家的时代，硬币并没有得到广泛使用。据记载，亚里士多德嘲笑对金钱的欲望，柏拉图认为哲学王不应该与凡俗之物接触。随着罗马共和国的解体和帝国时代的到来，铸造硬币与对权力的追求联系在了一起。恺撒加强了对货币和自己肖像的控制。罗马帝国第一位皇帝奥古斯都（公元前63—14）充分利用了这种控制权，而之后的新皇帝也通过发行新版货币来标志他们的到来。

罗马硬币由铜、黄金和白银多种金属制成，其中银币的应用最为广泛。但是罗马人还不得不面对一个现实问题，即对货币的需求超过了贵金属（存量）所能承受的范围。这些硬币大部分用来资助帝国战争，从而导致了硬币中贵金属含量的降低和贱金属的使用。罗马帝国期间，欧洲各地曾广泛使用硬币，但当罗马帝国衰落后，罗马硬币的使用越来越少，在英国甚至完全停止了。

统治西欧和中欧大部分地区的查理大帝（742—814）曾试图进行货币改革，使贵金属货币再次得到广泛使用。他建立了一种货币体系，用一磅白银铸成240便士。查理曼要求这些硬币必须是纯银的，而且可以互换。便士在法国被称为但尼尔（denier），在德国被称为芬尼（pfennig），在西班牙被称为迪内罗（dinero），在意大利被称为第纳里（denari），在英国则称为便士。英国一直维持着英镑、先令和便士的货币结构，直到1971年，由于预期将加入欧洲经济共同体（后来的欧洲联盟），才改成了十进制的货币结构。

然而，贵金属货币早期的主要用途不是贸易，而是用于战争和缓解冲突等政治活动。在公元991年的马尔登战役中输给丹麦人之后，"邪恶顾问"埃塞尔雷德二世（966—1016）付给丹麦国王一大笔贡金。这笔"丹麦金"是为了避免更多的流血事件而支付的。英国历史上最著名的赎金是为确保理查一世的自由而支付的。

## 国王的赎金

"国王的赎金"（king's ransom）是一种用来形容一大笔钱的表达方式。这不是一个虚张声势的词。在过去国家之间发生冲突时，贵金属货币经常被用于支付赎金。战争是权力集团生活中的重要组成部分，抓获一名地位显赫的俘虏相当于中了一个大奖。1192年，理查一世（狮心王，1157—1199）参加了一场战争，在返回途中不幸遇到了海难，不得不选择了从地中海出发穿越欧洲的危险路线。奥地利公爵将其俘获并将他交给了神圣罗马帝国的皇帝亨利六世，亨利六世要求他交出10万磅白银的赎金。这相当于英国当时年收入的两到三倍。理查的母亲阿基坦的埃莉诺，通过向神职人员和普通人征税及没收教堂的金银财宝筹到了这笔钱。

中世纪还发生了英法百年战争（1337—1453），这场战争中最有名的是奥尔良之战，圣女贞德在这场战争中牺牲了。1356年，法国国王约翰二世被黑太子（爱德华三世的长子）俘虏，在割让了法国西部三分之一的土地并支付了300万克朗的巨额赎金后，约翰最终在1360年获得自由。即便如此，也不是无条件释放，因为释放他的前提是由其他人代为人质，其中包括他的儿子。这笔赎金数额太大，法国直到亨利五世（1413—1422）时期才付清。

---

欧洲人对黄金和白银的贪得无厌催生了新大陆上残忍的暴行。当探险者意识到居住在现在秘鲁境内的印加人①存有大量的金银后，屠杀了那里的人民，带着战利品返回欧洲。印加人并不把黄金和白银看作货币，而是用于宗教和装饰目的。比起贵金属，印加人更看重土地和自然资源。粮食生产的基础是对土地控制权的分配，皇帝、祭司和人民各占三分之一。生产是有计划的，人们通过劳动纳税并得到分配的食物。西班牙人到来后，夺取了黄金，并让原住民在矿山里工作。

在欧洲历史上，货币和军国主义是紧密相连的。在工业主义出现之前，重商主义是在欧洲占统治地位的经济思潮，其基础是在军事支持下的殖民地贸易以及使用持有贵金属或金条的数量来计算国家财富的方法。欧洲国家为了保卫贸易据点和贸易路线而相互争斗。从新大陆②返航的西班牙珍宝船受到舰队严密保护。只要护卫不力，商船就会受到海盗的骚扰。当世

---

① 南美洲古代印第安人。——编者注
② 指美洲大陆。——编者注

界上一些地区拥有令人向往的商品却拒绝交换时，问题就产生了。19世纪早期，通过出口丝绸、瓷器和茶叶，中国积累了大量来自英国的白银。为了改变这一状况，英国输入鸦片使中国人用白银支付。

虽然重商主义本质上是一场争夺贵金属控制权的斗争，但在国家冲突中对其他形式货币的控制同样十分重要。

## 金钱与国家认同

推动美国独立战争的因素之一是英国拒绝批准殖民地定居者发行自己的货币。南北方使用不同形式的货币也昭示了美国内战的结局。南方通过发行棉花债券筹集资金，债券是在未来某一天以特定货币支付特定金额的承诺。由于北方封锁了南方的港口，棉花债券无法赎回，南方的计划破产了。北方则以一种非常现代的方式为自己融资，他们印了成千上万的"美元"，即现代美元的前身。除了人们对北方强大经济实力的信任，这些"美元"没有任何担保。现代美元的基础同样是人们对美国经济的信任。

在战争时期或国家开始崩溃时，货币的所有权和控制权就变得非常重要。一个现代的例子就是利比亚的货币之战。2011年，在西方国家主导下，卡扎菲政权被推翻，随后爆发的内战将利比亚分裂为两个为争夺政府最高领导权而斗争的阵营，一个位于的黎波里，另一个位于托布鲁克。在先前已有银行设施的基础上，每个"准政府"都声称自己拥有对中央银行的所有权。有传言称，托布鲁克的中央银行拥有价值1.85亿美元的金币和银币，但的黎波里的中央银行被认为掌握着打开金库的密码。2016年，"两个"政府似乎都拥有了自己的中央银行，印刷自己版本的利比亚货币第纳尔。的黎波里中央银行通过英国托马斯德纳罗印钞公司印钞，而东托布鲁克中央银行使用俄罗斯印制的钞票。

然而，整个国家却面临着严重的资金短缺。在冲突造成的不确定中，人们选择持有现金（纸币和硬币），而不是通过银行系统进行电子转账。从2013年到2015年，银行账户里的钱减少了50%。到了2017年，该国70%的货币为现金，而2010年该比例仅为9%。由于人们对现金的需求巨大，两套纸币都得到了广泛的流通。两套纸币之间的主要区别是序列号和中央银行行长的签名。

今天，即使在没有内战的地方，本国货币仍然是一个容易引起潜在冲突的领域。在这一领域中，多国曾为了积累黄金而相互争斗，现在很多国家竞争的目标是从本国货币的相对价值中获得最大的贸易优势。各国还持有他国的货币作为外汇储备，尤其是美元。全球外汇储备60%以上是美元，其中中国占有很大比例。一方面，从某种程度上说，国家间使用并持有彼此货币可以被视为一件好事，满足了新自由主义全球一体化的期待。另一方面，持有一个国家的货币反映了对其劳动力和资源的潜在需求。贸易全球化和金融全球化，使本国货币的需求量大大增加。未来，这些国家的人民将不得不去兑现这些货币。

在当今世界，本国货币和国家之间有着紧密的联系，但这不是货币的全部情况。欧元是一种超国家货币；一些国家正式或非正式地使用着另一个国家的货币，通常是美元。在国民经济中，我们理所当然地认为总会有足以满足我们需要的货币在流通，面值也总会得到兑现，一张十美元的钞票永远值十美元。但情况却并非总是如此。各国货币的存在和价值必须要去主动设定和维护。这是国家的任务，而不是市场的任务。

在欧洲，特别是在英国，对黄金的渴望使情况变得十分复杂。虽然贵金属并不像传说中描述的那样是最早的货币形式，但这一假设对英国国家货币的发展和英国对待货币的方式产生了重要影响。因为金银并不是真正的、天然的货币形式，所以在发展适用于扩大市场规模时使用贵金属铸币，不但不能起到帮助作用，反而会形成阻碍。

## 保持幻想

根据传说故事，货币最初的形式本身就是有价值的东西。金、银和其他贵金属似乎有一种神奇的吸引力，就像点石成金的故事一样吸引着人们。因此，一切其他货币都被视为糟糕的替代品，由此产生的观点也强烈地影响了世界各国的货币政策，尤其是在欧洲。正如前面提到过的，像黄金和白银一样，现代货币也被认为是供不应求的，尽管事实上它已经与贵金属货币没有丝毫关系，只是由贱金属、纸币或电子货币信息记录组成。

这种对现代货币的错误认知反映了以下事实，即贵金属货币曾在欧洲被广泛使用，并成为欧洲早期铸币体系的基础。贵金属作为衡量标准的优势在于它有标准的重量。最早的贵金属货币是金属块而不是硬币。为验证它们的纯度，需要对其称重。当金属被制成硬币时，质量就不再被强调，计数变得更加重要。衡量价值的标准是硬币的数量，这导致了货币数量和重量之间的矛盾关系。如果硬币是不纯的，但它们也能够实现测量和转移价值的职能，那么衡量纯度还重要吗？为了在对金属纯度的要求和对货币数量的需求之间保持平衡，欧洲的统治者曾做出各种努力。

当查理曼帝国皇帝查理大帝（742—814）建立他新的货币体系时，其基础是一磅白银铸造固定数量的硬币。他使用纯银的目的是创造出在他的帝国内广受信赖的货币。然而，在几百年内，硬币的品质大都变得很低劣。私人铸币者降低货币品质的行为会受到严厉的惩罚，许多人被绞死或被砍去了双手。然而，统治者自己也有降低硬币品质的行为。由于铸造硬币的盛行，从公爵到主教等各个等级的人都声称自己有权铸造硬币，所以硬币的纯度很难保证。据哈佛大学的克里斯汀·德桑（Christine Desan）称，早在11世纪，英国政府维持货币供给就已经十分困难。

人们面临的问题是，要在数量少、纯度高的货币和数量大、纯度低的货币之间做出选择。硬币的面值是由君主决定的，这通常不能反映金属含量。贵金属货币是一种理想形式，无法满足铸币制度的需要。纯金或纯银货币的高价值意味着不适用于大多数日常用途，而且柔软的特性使其很容易被削薄。尽管货币是与黄金联系在一起的，但大多数早期硬币主要成分是银或银合金。最基本的硬币是"银便士"，那是一个小而薄的金属圆片，品质不太稳定。然而，随着欧洲经济增长，加上可供使用的金属数量有限，统治者发现保持足够多的货币量用于流通很难。

即使银币和金币在查理曼大帝统治期间在欧洲广泛流通，它也只局限于统治阶层，并不属于普通大众。普通大众使用的是贱金属硬币或其他债务和支付记录，如标签（书面或口头记录）、有刻痕的木棍（计数棒）或纯靠个人信任。即使是缴纳税款这样的国家事务，也是由更普通的货币形式（特别是计数棒）占据着主导地位。国王在账房里时，很可能也像数硬币一样数着计数棒。据推测，中国早在公元前1046年，就开始使用竹条计数棒（算筹）。因此，即使在金银货币使用达到顶峰时，其他形式的货币仍在被广泛使用。

## 计数棒

计数棒是一种短短的光滑木片。在商定付款数额后，人们会在木片上刻下不同大小的凹槽，以表示实际的金额，并在木片的背面写下双方的名字。然后把木片纵向劈成两半，债主和债人各拿一半。信誉良好的债务人手中的计数棒借据可以作为货币流通。计数棒可以被看作古代版本的支票簿：计数棒劈开后，一半被称为存根，另一半被称为票根。

在17世纪末，英国国内就货币爆发了激烈的辩论。虽然一些人认为，纸币和贱金属货币应被视为主要的流通媒介，但另一些人则认为，应遵循旧制，按照原有标准重铸货币。主张货币必须以贵金属为基础的主要倡导者之一是哲学家约翰·洛克（John Locke，1632—1704）。作为一名自由主义者，他很关心王室在货币控制中的作用，并将货币与贵金属之间的联系视为一种独立货币锚定自身价值的方式。现代货币创新（如加密货币）背后拥有同样的动机，旨在建立一个拥有自主权的货币系统，这一问题将在第六章进行讨论。

当时，约翰·洛克的观点占了上风，于是政府决定重新铸造所有的金属货币，使其面值与贵金属的含量相等。这导致了长期的货币短缺，并造成了黄金和白银价格的持续波动。当金银的价格上涨时，人们会熔化硬币来卖金条和银条；当金银价格下跌时，硬币的价值也会下跌。稳定货币供给的问题交给了皇家造币厂的管理者。1717年，科学家牛顿接下了这一任务。他的目标是将硬币中金银的含量标准化。在这之前，大多数英国硬币都是用白银铸成的，但在接下来的一个世纪里，黄金成为本位币。在货币价值标准化过程中，新出现的货币形式（纸币）与其对应的贵金属价值之间的关系变得非常重要。

在下一章中，我们将谈到纸币在货币流通中变得越来越重要的问题。亚当·斯密曾指出，在18世纪初期的苏格兰，流通货币中四分之三为纸币。这带来的问题是，各种形式的纸币与作为理想典范的贵金属货币如何衡量，银行的书面承诺，其价值如何体现，早期的钞票是"即期付款的承诺"，然而银行应该用什么来支付。在传说故事中，商品货币被看作解决办法，但实际上并没有用处，因为商品的价格是波动的。后来金本位制度被提出来，旨在通过固定每张纸币所代表的黄金质量来解决这个问题。货币的"价格"并不是市场决定的，而是由国家的货币管理机构决定的。

英国曾经尝试将新形式的货币，尤其是纸币，与一个固定的标准联系起来，结果是喜忧参半的。事实证明，在国家危急时刻，尤其是需要更多资金的战争时期，这种做法就很难持续下去，只能通过暂停执行金本位制度加以解决。尽管金本位制度一直持续到20世纪，也在很长一段时间内维持了本国货币币值的稳定，但它也引发了一系列经济问题。1925年，时任英国财政大臣的丘吉尔恢复了金本位制度，被认为是导致20世纪30年代发生严重大萧条的主要原因。

英国最终在1931年放弃了金本位制，美国在1933年停止向中央银行之外的任何机构或个人兑换黄金。在1973年，中央银行这一例外也被取消了。从那以后，除了欧洲汇率机制等试验项目，主要货币之间的汇率通常都是波动的。1992年，当英镑无法维持对其他货币的规定汇率时，英国高调地退出了欧洲汇率机制。目前，欧洲货币单位①在很大程度上已经被欧元所取代。

金本位制的主要影响不是在国家内部，而是在国家之间。各国货币以货币含金量作为其国际价值的衡量标准，最初

---

①　欧洲货币单位在被取代之前，在欧洲汇率机制的运行中起到了重要的作用。——编者注

是通过英镑来清算。后来根据1944年通过的布雷顿森林协议，确定1盎司黄金等于35美元，美元与黄金挂钩，各国货币与美元挂钩。虽然货币价值与黄金挂钩的制度名义上维持了近400年，但这一制度作为各国货币互相兑换的基础，最为有效的运行时段仅为19世纪下半叶到第一次世界大战爆发之间。然而，这并不是金本位制度的功劳，而是因为当时英国经济处于主导地位。到了20世纪，美国占据了世界经济的主导地位。经济活动的推动力不再是黄金持有量，而是支票、英镑和美元的流通。在现在这个法定公共货币时代，这种形势变得更加清晰。

　　自20世纪70年代初以来，在流通货币，无论是纸币、硬币还是电子货币信息记录的背后，有另外一种更具优势的货币做支持的说法已经没有了市场。那么，现在是什么让货币具有了有效性呢？

　　人们为什么会信任和使用货币？有关货币的传说故事已经被证明是虚构的，而长期试验也证明了金本位制是有缺陷的。另一种答案是，所有形式的货币的有效性都来自权威和信任的结合，驱动货币的并不是其内在的经济价值。货币是一种社会和政治现象。日常生活中任何东西作为货币，不管是金属硬币、纸币、贝壳还是电子货币信息记录，只要建立在人们相互信任的基础上，都会得到认可。

　　前一章中说过，传统社会中货币的用途和今天的货币用途之间存在相似之处。对于发行和控制货币的主权权力，也存在类似的问题。在市场普遍存在的当下，国家在货币的创造和流通方面扮演着怎样的角色？手袋经济学（handbag economics）正确吗？国家是否已经沦为一个依靠市场来实现繁荣的"家庭主妇"？如果是这样的话，从亚历山大大帝对货币强有力的控制到今天强加于国家的新自由主义紧缩政策，这种转变是什么时候发生的？答案就在货币和税收之间的相互作用中。

## 主权货币：贡品与税收

税收的历史相当悠久。关于税收的记录可以追溯到3000年前。作为一个概念，它似乎意味着向有能力提出这种要求的人支付一笔负有法律责任的费用。"taxing"（征税）这个词在英语中用以形容一项困难的活动。"tax"这个单词在14世纪出现在英语中，源自拉丁语"taxare"，意思是"估值、估计、评估"。从1215年金雀花王朝国王约翰一世被迫签署《大宪章》到1381年的人头税暴乱（并在1982年再次发生），再到1773年的波士顿倾茶事件，税收在历史上一直是政治叛乱的根源。这一切似乎都在说明，税收是一件糟糕的事。

早期文明（公元前5000年）引入了存在于非市场社会中

的社会等级制度。这就要求新兴城邦的平民把做贡献（缴纳税款、上贡）的义务与重新分配（分配、支付）的需要结合起来。如此一来，就需要设定测量和比较的标准。谷物是最早的价值尺度之一。正如我们所看到的，不同文明在发展过程中采用了一系列不同形式的货币。它们不是源自传统和市场，而是被统治者有意识地采用或创造。可以看到，税收和其他公共支出在这方面发挥了重要作用。

正如我们所见，在前现代社会，作为贡品、伤害赔偿和社会支付是货币的主要用途。在新兴文明中，主权货币被广泛用于战争。对于像罗马这样的帝国来说，免征税收是因为可以通过被征服者获得资源、劳动力和财富。1188—1189年，亨利二世推行"萨拉丁什一税"（萨拉丁是中世纪杰出的军事家、政治家，埃及阿尤布王朝的创建者），通过征收土地税（被称为佃户税），帮助英国王室征得了比两年总收入还要多的税款。人们认为，有两个词是在这一事件中产生的。一个是"tallies"，说的是记录付款数字用的计数棒（计数木片），另一个是"tellers"，即负责收税的官员。在英国，税收的协调是通过国库（exchequer）进行的。英国的国库最早建立于盎格鲁-撒克逊时代，大约在991—1012年。这个词指的是覆盖着一块棋盘格图案桌布的大桌子，国家收到的货款和税款就摆放在这张桌子上。

　　统治者可以通过不同的方式获得他们需要的东西。一种是以实物形式征税：可以用商品、劳动力或资源直接支付。另一种是用国家的货币支付。在控制着货币发行和流通的地方，统治者可以征收铸币税。这种税可以直接征收，也可以间接征收。间接征收的方法是要求普通公民为铸币权付费。在9世纪晚期，英国威塞克斯的国王们拥有几百个"铸币者"，在向国王付费后，他们有权制造货币。每隔五六年，国王就会宣布这些货币无效，而且必须上交，由国家重新发行。此时，铸币者必须向国王再次支付一笔钱才能重获铸币权。直接征收的方法是，统治者控制造币厂并通过首次使用新货币获得好处。

　　这两种征税方式差异很大。在第一种情况下，货币由私人铸造，统治者从中提取一部分作为税收。在第二种情况下，统治者控制货币的铸造，而征税的任务则是收回那些货币，以便它们可以再次使用。本书最后一章将说明国家发行货币和国家征税所代表的是两种截然不同的关系，并且至今仍在世界上并存。第一种是私人发行货币，其中一些通过税收被国家收回。第二种是政府发行货币，部分或全部由国家通过税收收回。如果我们看一下用计数棒作为公共支出确认回执的情况，就会发现由国家发行货币的模式更加透明。

# 用计数棒纳税

有一个为统治者提供货物的商人。统治者给商人一根计数棒，上面写明了收到的货物和价值。商人把计数棒交给国库以代替纳税。如果计数棒的价值超过应缴税额，那么商家将收到另一个计数棒，上面标明了剩余金额。之后，该商人使用该计数棒向另一个需要使用计数棒纳税的商人付款。在19世纪20年代之前，计数棒在英国被广泛使用于纳税。

在这个例子中，货币显然最初源自统治者。计数棒的发出开启了流通过程。计数棒要么以税款的形式返还，要么以流通的形式让另一个纳税人履行其义务。因此，税收是使货币流通的主要方式。在前一章所描述的基本自给的经济体中，几乎不需要用于流通的货币。正如我们所看到的，当征收货币税时，人们为了交税才不得不去获取货币。因为需要用货币去交税，所以税收也使人们愿意接受使用货币来支付他们付出的劳动、提供的商品或服务。税收对于货币产生的推动作用，其重要性并不取决于特定的货币类型，如白银或黄金。因为无论国家要求用什么形式的货币来交税，人民都会努力获取这种货币。在这种情况下，课税的依据并不是由特定的货币决定的，是税收创造了对某种货币的需求。什么能够成为货币，并不是由市场或其材质决定的，而是由国家决定的。

税收在货币创造和流通中的核心作用是由德国人格奥尔格·克纳普（Georg Knapp，1842—1926）在20世纪早期提出的。在他的重要作品《国家货币理论》（*The State Theory of Money*）中，克纳普认为，货币不是一种与市场相关的经济现象，而在很大程度上是一种公共现象，是"法律的产物"。因此，他将货币体系的研究视为政治学的一个分支，而不属于经济学。他认为是国家确立了某种货币形式（如硬币或公开发行的纸币）的货币地位。克纳普认为货币不具有内在价值，也不应该认为其价值源于这种内在价值，应该将货币视为一种代金券，他将其称为"券"（chartal在拉丁语中的意思是"纸、券"），其价值由国内情况决定。

他指出，一个商人到了另外一个国家会问的第一个问题是：这里使用的货币是什么。他还指出了货币的社会和公共用途，如支付费用、罚款和税收。克纳普认为，与货币起源于交换的观点相比，这种公共支付行为才是货币存在的基础。他认为贵金属等商品曾被用于交换，但他认为这不足以让贵金属成为货币。对克纳普来说，只有能作为流通手段和价值尺度，而没有内在价值的东西，才适合成为货币。尽管在克纳普写作的时候纸币已经确立了其作为公共货币的地位，但他认为，纸币

或其他无形货币并不比金属货币差，它们都是行政货币体系
（administrative monetary system）的一部分。

　　克纳普的国家货币理论，以及行使铸造货币主权权力的
理论，与传统学说中的经济思想强调的重点截然不同。货币源
于市场并在市场中流通的学说，遭到了拥有悠久货币历史国家
的质疑。只有完全控制货币的发行和流通，统治者才能增强对
经济和政治的控制力。然而，这种权力并不是不受限制的。统
治者只能授权或发行当地经济能承受且税收制度能收回的货
币量。主权权力体现在人们自愿或被迫放弃自己的劳动、资
源，甚至生命来换取一种价值的体现（货币）。

　　将国家视为货币的来源而产生的对税收的新观点与传统
经济学截然不同。新自由主义手袋经济学等观点认为，税收是
从市场积累起来的财富里榨取金钱。随后，这些钱会通过公共
支出重新流入市场。新的观点则认为，主权国家会在购买商品
和服务时发行货币并将其流入市场。通过支出这些钱，主权国
家获得了所需的商品和服务。税收的作用是把钱从人们手里拿
回来。人们接受并使用指定主权货币的原因是需要纳税。

　　根据后一种观点，货币的发行和流通先于税收，而货币
背后的潜在资源是国家拥有从人民那里获取商品、服务和资源
的权力。这种权力当然可能是强制性的和不道德的。然而，在
主权属于人民的情况下，使用公开发行的货币被视为让人们作

为公民付出劳动、提供商品和服务。这一情况将在最后一章进行说明。

本章关注的是在很长一段历史时期内，国家广泛参与货币的发行和流通的情况。在货币发行过程中，政府的作用是重要且明显的。没有一个国家会允许有人在未经授权的情况下铸造硬币或印刷纸币。所有国家都有中央银行，并或多或少地行使着公共货币管理权。历史上，统治者对货币的发行和流通拥有绝对主权。在今天的民主国家，主权至少在理论上掌握在人民或他们的代表手中。现代货币是公共货币，但不是主权货币。那么，究竟是谁拥有发行和流通公共货币的权力呢？我们将在下一章中进行解答。

# 第四章

## 凭空出现的货币：货币与银行业

CHAPTER 4

　　凭空变出点什么，是魔法师们的保留节目之一。他们会向观众展示一个容器，让大家看到里面是空的。随着魔杖轻敲容器或戏剧性地挥舞，容器里就多了一个瓶子或一束花。本章将向您展示银行是如何凭空"变"出货币来的，更具体地说，是如何变出公共货币的。公共货币是一个货币共同体（通常是一个国家）授权的衡量标准和转移名义价值的手段。正如我们在前一章所看到的，公共货币与统治者和权力中心有着紧密的联系。

　　与第二章中起源不明的传统形式的货币不同，公共货币来源清晰，比如亚历山大大帝和查理大帝这样的统治者有意识地铸造并命名货币。我们也看到了中国古代统治者如何建立新的货币体系，包括一些基于纸币的货币体系。因此，公共货币不仅只有硬币这一种形式。凡是统治当局宣称是货币的东西，人民都会接受和使用。

　　现代银行在14世纪出现后，货币领域增加了两个新成员：银行券（也称钞票、纸币）和银行账户。本章将解释它们是如何成为公共货币的代表的。笔者在绪论和第一章中讨论纸币时，已经对这一过程进行了说明。

　　美元纸币、英镑纸币和欧元纸币表面上看起来是一样的。它们都是以数字为基础的：1美元，5英镑，10欧元。它们的运作方式也是一样的，都是法定货币，都不能兑换成其他形式的货币，只能兑换成另一种法定货币（如欧元换美元，美元换英镑）。纸币本身没有价值，它只是一张纸。当美元、英镑或欧元被存入银行账户时，人们甚至连一张纸都看不到。然而，它们仍然可以像货币一样运作，还具有价值尺度、流通手段的职能。

古代纸币与现代纸币有相似之处，但它们之间的差异表明，对公共货币的控制已经从统治者时代过渡到银行时代。如上一章所述，贵金属货币与统治者、军事和政治权力密切相关。直到今天，大多数国家仍然控制着铸币权。这段历史也体现在现在的英镑纸币上。纸币上写明会向持票人支付5镑、10镑或20镑。现在，尽管英镑被明确视为一种公共货币，甚至为了和银行账户区分，被称为现金，但纸币上的文字提醒我们英镑不是货币，而是兑现货币的承诺。银行创造货币的历史就是票据承诺如何成为公共货币的故事。

美元的历史则完全不同。它的起源就是政府发行纸币。它没有承诺自己可以兑换成其他形式的货币，它所宣称的"法定货币"地位体现了国家权威。美元是货币，是因为国家说它是货币。而欧元，笔者认为它只是一种衡量和流通机制。它只规定了货币单位——5欧元、10欧元、20欧元。它既没有提到政府也没有提到银行。它没有承诺任何东西，也没有任何说明，甚至没有说明发行者。它似乎是凭空而来的。我将在第六章对欧元进行深入探讨。

## 关于银行的传说和谬论

据前文中的传说故事所述，银行起源于安全存放贵重金属货币的需求。随着时间的推移，银行开始利用这些现金存款发放贷款。从这个传说中，衍生出了一个关于银行业的重要谬论：银行的主要活动是将储户和借款人联系起来，这意味着银行只能借出之前经由储蓄账户（存款账户，一般有固定期限）和活期账户（账户金额不固定，根据人们日常生活需要，资金不断地存入和提取）收到的钱。

这一谬论的必然逻辑是，如果银行向某人提供了贷款，这笔钱必须从现有的储蓄账户或活期账户中提取。如下页图所示，如果银行只是将储户和借款人联系起来的说法是正确的，那么购房的钱必须从银行存款中提取，并且在25年还款期结束前不会被完全收回。但正如下页图所示，发放抵押贷款并不会挪用银行其他账户的钱。那么，银行贷款的基础是什么呢？答案不是别的，是人们认为的这家银行的生存能力。就像关于货币的传说故事一样，银行的起源故事充满了谬误和半真半假的谎言。虽然银行贷款基于银行存款的说法被证明是错误的，但故事中描述的银行在现金安全以及非铸币货币（纸币和银行账户）发展中起到的作用，是有一定真实性的。

银行贷款不会影响现有存款

有些人确实会出于安全考虑把钱存在银行，兑换的收据非常可靠，因此它们被广泛用作纸质货币。硬币和其他贵重物品的存放主要与商人和军事人员的长途旅行有关。这需要银行家拥有跨越长距离的业务网络。早期的例子如罗斯柴尔德银行帝国。

就像前一章讨论的主权货币一样，现代银行体系的出现与战争密切相关。一场重大冲突促成了罗斯柴尔德银行帝国的建立，这是罗斯柴尔德家族建立的一个银行家网络。这一网络由身处不同城市（伦敦、法兰克福、巴黎、维也纳、那不勒斯）的五兄弟组成。这种安排使得资金可以安全地在欧洲各地流通，并在拿破仑战争期间成为英国的生命线。

罗斯柴尔德家族的例子展示了银行最重要的工作任务。

银行的两项主要活动是管理账户和发放贷款。管理账户涉及的活动，包括兑换货币、帮助人与人之间或代表客户进行跨越不同货币边界的资金转移等。这需要核算和簿记，通常会提供书面的支付证明。贷款是另外一种主要的活动，同样需要有书面贷款凭证。银行票据的主要形式是支票和本票。支票使在一个地点付款，在另一个地点交货成为可能，本票则是银行的欠款证明。这些早期的纸面记录是根据不同的情况、不同的金额来记录的，也就是说，它们记录的是贷款或存款的实际价值。

欧洲第一张标有固定金额的标准钞票，是由位于斯德哥尔摩的瑞典银行发行的。这家银行成立于1656年，由私人创建。这些钞票承诺向持票人支付规定金额的贵金属。就像在传说故事中一样，银行发行的纸币量超过了它拥有的贵金属，结果银行倒闭了。后来，同样的故事一再上演。对货币有一个"坚实基础"的渴望被现实压垮了，因为需要的货币总是比银行所能提供贵金属货币多得多。

根据传说故事中的假设，贵金属货币是货币最原始和最理想的形式，这意味着新出现的纸币仅仅被视为银行活动的记录，因此它不是"真正的"货币。正如我们所看到的，这种假设导致人们长期试图维持现金（最初是硬币，后来还包括英格兰银行发行的纸币）和黄金之间对应关系。这些假设的不足之处在于，流通的纸币数量远远超过了"真实"货币存款的数量。如果纸币必须直接反映"现金"存款数量，而银行只是充当着存款者和借款者之间的纽带，那么唯一的结论必然是这个系统中存在着欺骗。这就是"部分准备金制度"概念出现的原因，这一概念提出了一种解释，让银行业避免受到指责。

"部分准备金制度"的前提假设是，不是所有人都想在同一时间取出他们的存款。因此，银行完全可以将其中一部分贷出去。部分准备金制度通常假设的比率是10∶1。银行必须保留相当于借出资金10%的现金，这就使得相对于被视为"真实"货币的原始存款，纸币可以大量超发。

## 部分准备金制度

1号女士在她的银行账户里存了价值10英镑的金币。银行家给了她一张10英镑的纸质收据。然后银行保留10%的金币，将价值9英镑的金币借给2号女士。价值1英镑的金币成了储备金。2号女士将价值9英镑的金币存入她的账户，然后得到一张价值9英镑的纸质收据。然后，银行将价值8.1英镑的金币借给3号女士，并保留90便士作为储备金。3号女士将价值8.1英镑的金币存入自己的账户，然后也得到一张纸质收据。以此类推，我们已经有了价值27英镑的纸质收据，但仍只有价值10英镑的金币。

---

很明显，部分准备金制度模式从根本上就是不稳定的。然而，这一原则是西方银行业的根基。整个系统的安全建立在这样一个概念之上：用一小部分准备金"支撑"所有流通中的账户，人们不会恐慌，也不会想要立即拿回自己所有的钱。

因此，根据部分准备金制度的概念，银行处在这样一种状态：它们向储户承诺随时都能取走存款，同时向储户贷出大量的资金，这些资金将随着时间的推移和利息一起偿还。如果不出什么问题，银行必然有利可图。然而，如果储户同时要求取走所有的钱，银行就会面临流动性危机。与存款相比，贷款通常是长期的，并且存款始终有在短期内被取走的可能。如果贷款变成坏账并永远无法被偿还，银行就会面临偿付能力危机。

部分准备金制度意味着挤兑对银行的影响很大。由于这种情况确实经常发生，解决方案包括国家通过中央银行进行干预来稳定局势，下文将对此进行解释。然而，这只是把问题推回到中央银行贵金属储备不足上，就像上一章讨论过的金本位制度的历史所显示的那样。因此，存在"真实"货币的说法是高度不可靠的。如果人们期望货币体系的背后有一些真实的东西，那么迎接他们的将永远是幻想破灭后的失望，因为除了社会信任和公共权威之外，货币并没有其他核心。特别是现代货币，它只是以公共货币形式呈现的承诺网络。

## 一种不同的魔法

从另一个角度分析银行发行货币的发展过程，对传说中银行的历史（银行始于贵金属存款和超发贷款）形成了挑战。现代货币根本不是由贵金属银行发行的，我们可以认为它起源于书面承诺和银行账户。银行的作用与其说是保护贵金属货币，不如说是满足贸易的需要。根据这种观点，银行有两个重要的职能：提供信用贷款和结算。信用贷款是对未来付款的承诺。结算是对信用贷款的统计。之所以叫信用贷款，是因为借款人有机会获得一种可转让的货币或其他利益（信用），作为承诺归还这些货币或以后为这些利益（债务）付款的回报。

### 贸易与信用贷款

一个商人想向一位织布工购买一卷布，打算在旅途中出售。他们商定了一个价格，由于商人没有现金购买布料，他向织布工承诺，他将在回来后按照约定的价格付款。交易者给了织布工一张欠条，确认这个承诺。因为织布工等不及商人回来，她带着商人给的承诺书（欠条）去找了另外一个人。这个人足够富有，有能力承担商人无法返回的风险。为了补偿风险承担者，织布工得到的回报低于原始债务的价值（一个折扣价）。

风险承担者可以用受到认可的货币向织布工购买商人的承诺书。这些货币因君主的权威而生效。不过，还有另外一种选择，即风险承担者给织布工一个替代承诺。因为风险承担者受到广泛信任，织工可以用风险承担者给的本票（承诺书）从另一个商人那里购买商品和服务。人们接受这种本票，是因为它是值得信任的人或机构做出的支付承诺。

------

从17世纪晚期开始，银行开始以印有银行名称的标准化纸币的形式发行自己的货币。这些银行的"付款承诺"能够作为货币流通，是因为银行的承诺比个人承诺更加可信。交易者之间的私人协议不能算作货币，除非这种承诺可以被转让。银行所做的是承担私人承诺的风险，用银行自己的信用替代私人的信用，等待做出承诺的人在未来支付欠款。今天银行业的基础与这个过程别无二致。例如，某人购买一辆汽车，他可以用现金支付，但更有可能会使用支票或信用卡支付。汽车卖家允许买家把车开走，不是因为信任买家，而是相信银行未来会兑

现买家的付款。此时，买方在银行是否有足够的存款或是否足够可靠能将款项还给银行，这一风险由银行承担。只有这种信用和债务网络才能解释流通中巨大的纸币数量跟现金存款数量没有任何关系。

## 结算：承诺分类

银行活动的核心是结算。银行通过结算，对各个信用借款承诺网络进行综合统计。

### 本票（期票）

玛丽欠吉姆100英镑，给了他一张期票，说这笔钱将在期票到期的时候支付。

吉姆欠卡罗尔100英镑，问她是否愿意接受玛丽给的期票来偿还债务。

卡罗尔欠玛丽100英镑，所以她同意接受玛丽的期票，然而她会撕掉玛丽的期票，这样玛丽就不用再向吉姆偿还这100英镑了。这也解决了卡罗尔欠玛丽的债务。

综上，所有债务现在都还清了。

这种相互免除债务的过程意味着实际支付的金额相对小于流通中的债务金额。结算过程不仅发生在银行内部，也发生在银行之间。

如果结算和最终结算支付在同一家银行进行，那么账户持有人之间可以进行内部转账。然而，如果一笔付款是在A银行的某个账户提款，在B银行使用一个账户支付，那么A银行需要将等量的资金转移到B银行。因为银行之间的交叉付款也可以相互抵消，通过二次结算，清账只需要支付一个小得多数额的资金。

"不要借钱，不要支付利息"是最古老的道德警示之一，建立在承诺支付基础上的新的银行体系违反了这一警示。高利贷问题受到广泛谴责。从历史上看，债务通常与农业的不确定性有关，有时人们需要贷款购买谷物或家畜。当债务过高时，统治者经常进行干预，宣布债务大赦，取消所有债务。

银行家和其他从事放债的人经常受到轻视，然而债务却已经成为现代货币的基础。在开展生产和贸易之前，如果不能获得信贷，现代市场资本主义就不可能存在。在此过程中，信用贷款网络改变了社会结构。

## 鬼迷心窍的富人：负债成了一种生活方式

从大约12世纪开始，商业银行业务稳步增长。在威尼斯、佛罗伦萨和热那亚等贸易城市的引领下，意大利处于领先水平。美第奇家族在1397年建立了他们的第一家银行。在接下来的200年里，银行业在欧洲各地建立起来。正如前面指出的，"银行"一词被认为源于意大利语中的"板凳"。在主要的交易中心，货币兑换商、贷款人和存款持有者会一起坐在小桌子周围，他们在国家和市场之间建立网络，有时使用自己发行的货币。商人可以在一个交易中心存钱或借钱，然后在另一个城市或国家取款。这个网络中的银行家们会定期聚到一起"结算"所有的信用票据，付清剩余的债务。

在欧洲民族国家演化的过程中，现代银行业也出现了。有争议的土地为局部战争、小规模冲突、防御工事修建和设立常备军奠定了基础。这些花费是巨大的。因为通过税收可以收回的公共货币数量是有限的，统治者的国库资金经常被耗尽。统治者为了获得新的私人资金来源，开始向日益壮大的银行家群体贷款。偿还的方式要么是通过某种形式的税收来筹集资金，要么是将贸易垄断权或贸易许可授予贷款人。

意大利银行家还向统治者提供贷款。这是一种密切的关系：早期的意大利银行家，如美第奇家族，将经济、军事和政治权力联系在一起。然而，因为统治者会出现违约情况，所以许多早期的银行破产了。正如下面将要解释的，连续几任君主未能偿还债务导致了英国中央银行的建立和"国债"的形成。然而，深陷这种新的期票货币（promissory money）泥潭的不仅是君主。

由银行发行的书面承诺的出现，使贵族精英的生活发生了巨大的变化。传统上，他们的财富来自其领地上的直接劳动或租金。有了新的信贷资金，他们可以将自己的资本财富货币化。像统治者一样，他们可以以土地价值或未来收入换取银行发行的书面承诺。这种看似容易的来钱方式，带来的后果之一是人们对赌博和奢侈生活的普遍的狂热追求。到了19世纪，欧洲的贵族们广泛地参与了赌博，它已经成为社交聚会的基本活动。不顾一切地赌博是财富和社会地位的标志，还可以摆脱悠闲的统治阶级的无聊状态。然而，下层阶级大多被禁止赌博。

贵族们发现银行家们乐于以纸币或其他形式的货币借钱给他们。或者，拥有土地的精英们以债券的形式向债权人和商人做出支付承诺（承诺在未来某一天支付一定金额）或支付年金。年金是在一段时间内定期支付一定金额款项的协议，而不要求立即一次性还清债务。像英国辉格党政客查尔斯·詹姆士·福克斯（Charles James Fox）这样的大赌客可能一把就输掉或赢下数千英镑，而人们可能在一夜之间输掉所有的钱。另一位挥霍无度的赌徒是德文郡公爵夫人乔治亚娜·卡文迪什（Georgiana Cavendish，1757—1806）。乔治亚娜是一个充满魅力的美丽女人，她是社会名流和反对君主制度的辉格党政治活动家，也是小说家和启蒙科学的推动者。她和她的丈夫德文郡公爵一起赌光了巨额财富。

当以纸币支付的新式付款承诺使借贷成为一种生活方式时，一项基于另一种承诺的激进实验在法国发生了。这种承诺不是借款人的债务，而是对一笔信贷的承诺。苏格兰人约翰·劳（John Law）的目标是创造一种新的纸币，并向持有者许诺未来的财富。

## 约翰·劳的实验

约翰·劳（1671—1729）出生于苏格兰的一个金匠和银行家家庭。像那个时代的许多有钱人一样，他既是赌徒又是花花公子，还在决斗中杀死了情敌。为了逃避惩罚，他逃到了英吉利海峡的那一边——欧洲大陆，但最终又回到了苏格兰。1705年约翰·劳提出了他的观点，即人们不应该以土地为抵押品发行纸币，而应该由国家本身，以土地、黄金、白银以及国家生产能力等有形资产为后盾，通过国家银行发行纸币。

约翰·劳认为，货币本身并不是或不应该是有价值的东西，真正的财富来源于贸易和工业。纸币应该代表这种价值，就像股票代表公司的价值一样。他的意见在英国被否决了。但在法国，年轻的国王急需资金，因此采纳了他的意见。前任君主路易十四发动的战争，留下了一个破产的国家和贵金属严重短缺的问题。路易十四死后，获得摄政权的年轻国王路易十五对新理念敞开了怀抱。

约翰·劳最初的提议是建立国家银行，但他却在1716年设立了私有银行——通业银行（Banque Générale）。银行发行的纸币价值最终是基于法国属地路易斯安那地区的富人们的承诺。这些新货币实际上是密西西比地区潜在财富的股份证书，是对未来税收收入的承诺。

1719年，约翰·劳发行了5万股面值为500里弗的新股，人们只需花75里弗就可以购买，其余部分以分期付款的方式支付。这导致了股票价值的上涨。在下一期付款到期之前，股票的价值就翻了一番，达到1000利弗。然后，约翰·劳以同样的条件又发行了30万股股票。股票总数上升到60万股，股票价值飙升到1.5万利弗。

人们叫嚷着要买这些股票并大量借款，结果形成了一个典型的泡沫。

## 主权货币与银行货币

虽然金属铸币是欧洲早期货币的主要形式，但统治者的控制力越来越弱，不再像亚历山大大帝和罗马帝国等早期帝国那样强大。贵金属铸币的发明极大地提升了国家力量，尤其是在吸纳雇佣军方面，但贵金属铸币也是帝国的一个薄弱环节。贵金属铸币产生了一种矛盾的效果，就是尽管它在很大程度上是由统治者主导的，但统治者对获得这些金属的渠道十分依赖，而这些渠道通常掌握在商人和冒险家手中。好在统治者们仍然控制着铸币的过程，因此当商人们把原材料（金条）拿来熔化成硬币时，他们能收取一定的费用。

硬币和金条之间价值的平衡很微妙。如果商品价格过高，人们就会倾向于从硬币中提取贵金属，从而导致货币严重短缺，这种危险始终存在。因此，劣质的硬币通常更有用。大多数早期的硬币没有面值，每枚硬币的价值由统治当局公布。这使得统治者可以"抬高"或"压低"铸币的价值。

为了保证金属铸币的价值，世界上最早的中央银行之一——阿姆斯特丹银行于1609年应运而生。新成立的中央银行从一系列私人铸币者手中接过了铸币的工作。当时，荷兰有两种硬币：用于对外贸易的高质量硬币和国内使用的低质量硬币。由于这两种硬币都容易损坏和锈蚀，因此银行对这些硬进行了回收，并把回收证明登记在账簿上。人们开始交换这些回收证明，而不是用硬币交易。然而，直到1668年，瑞典银行才发行了第一张纸币，成为世界第一家发行可以作为公共货币流通的标准化面额纸币的中央银行。这标志着私人商业流通的书面承诺向授权纸币的重要转变。

如上一章所述，这在英国引发了一场关于官方是否应该发行纸币的辩论，但官方发行纸币这个想法被否决了。100多年后，英国政府才通过英格兰银行垄断了货币的发行权。英格兰银行的历史，就像许多统治者和新的贷款人（银行）之间的关系一样，是以战争花费为基础的。在17世纪晚期，国王威廉三世需要额外借款和法国人作战。但这并不容易，因为早期斯图亚特王朝国王的违约行为使得王室的信用评级很差。

1694年，在威廉·帕特森（William Paterson）领导下，一群商人联合起来成立了一家私人所有的英格兰银行，为国王提供了120万英镑的贷款，年利率为8%。国王可以以银行本票的形式支取这笔钱，即银行的"支付承诺"。由于国王借到的钱必须归还，银行就将这些钱作为一种资产，并以此为基础发行了另外一笔价值120万英镑的纸币，将其借给普通借款人。为了确保国王履行承诺，新银行要求这笔贷款由议会担保。

这不再是银行家和统治者之间的私人信贷债务关系，而是由公民担保的贷款，资金由私人提供。它已经变成了一种国债，一种以人民的名义做出的承诺。此后所有面向政府的贷款都是这种形式：它们都被合并为国债。即使英格兰银行最终被国有化，成为负责发行国家货币的中央银行，货币应由国家控制的理念也没有达成。国家像普通人一样变成了借贷者。国家不能再直接控制本国货币的发行和流通，也不能再征收铸币税或通过首次使用新货币获得好处。

通过上述两种形式的纸币贷款，英格兰银行横跨了政府贷款和商业贷款领域。它是一个私人商业组织，拥有公共职权，向国家提供贷款。与此同时，新兴的资本主义市场经济需要持续的廉价信贷。正如约翰·劳曾指出的，铸币，特别是贵金属铸币，在新时代缺乏足够的流动性和灵活性，而像计数棒和钞票这样取材平凡的价值转移方式更加好用。

从私人承诺到银行发行公共货币的转变开始了。这种由私人创造的"承诺支付"信贷纸币后来成为公共货币。随着商业信贷规模的扩大，私有银行开始在英格兰银行开户并使用英格兰银行发行的钞票，开启了私人货币和公共货币的整合进程。1833年，英国议会规定英格兰银行的银行券为无限法偿货币。1844年的《银行特许条例》试图将英格兰银行发行的纸币与其所持有的贵金属数量挂钩，但并没有限制银行账户的数量。英格兰银行最终在1946年被收归国有。

正如前文指出的，英格兰银行发行的纸币正式保留了与某种更高级的货币挂钩的宣言。票据承诺向持票人支付票据上规定数量的货币。这种纸币并没有说自己是货币，而是做出支付"真正"货币（贵金属硬币）的承诺。正如我们所看到的，这种"真实"货币和"低质量"货币之间的区别源于欧洲人对贵金属的痴迷。美国等其他国家对货币形式的看法就灵活得多，它们都采用了国家纸币。相比之下，英国政府进行了长期而艰苦的努力，试图将纸币与贵金属绑定，但最终以失败告终。今天，持票人向英格兰银行递出一张钞票，只会得到另一张一样的钞票，并不会换来一枚贵金属货币。

在美国历史上，最值得关注的是混淆了国家铸造货币的主权权力与银行发行纸币的能力。虽然美国从一开始就是一个崇尚个人主义和有限治理的市场社会，但它也有一段使用公共货币的历史，当时发行的是国家货币。国家创造的货币为1775—1780年早期的独立战争提供了经费，并在1861—1865年的内战中发挥了重要作用。然而，尽管美国宪法明确授予国会铸造货币的权利（第1条，第8节，第5款），但并没有明确纸币的地位。纸币到底是由国家发行和流通的法定货币，还是通过银行贷款创造的由银行发行的纸币，成了一个悬而未决的问题。

随着商业银行在美国的兴起，联邦政府的工作目标似乎是通过将其业务保持本地化，从而限制各地商业银行的权力，而不是从联邦层面对它们进行监管。然而，这并没有阻止过度负债（特别是农民）以及银行偿付能力不足等问题的出现。缺少中央银行的监管，许多银行因为自由放任而倒闭。最后，在1907年，股市的恐慌导致了许多向投资者放贷的银行发生挤兑，引发了一场重大危机。最终，此次恐慌被银行家J. P. 摩根平息了，他的信誉使得人们信任他的银行。1913年，各大银行联合起来成立了一个联邦储备银行（美联储），发挥中央银行的作用。

作为法定货币，当代公共货币有效性的基础是社会信任、政府权威和商业信任的结合。在维持公共货币供给方面，中央银行是银行业与国家之间的桥梁。中央银行是国家中居主导地位的金融中心机构，负责制定并执行国家货币信用政策，独具发行权。我们将在下一章中看到，这种职责在2007—2008年金融危机之后得到了展现，当时各国中央银行纷纷创造新的货币政策工具（非现金）来支持本国银行业。中央银行既是国家的银行，也是银行业的银行。作为国家的银行，中央银行管理着国家的账户，并为国家的支出提供担保。作为银行业的银行，它们扮演结算银行的角色，处理全国所有银行之间的结算，并为银行贷款提供货币支持。这一职能通常被称为"最后贷款人"。如果有必要，中央银行可以提供无限量的资金。这才是真正的摇钱树。

## 魔术的手法

那么，银行是如何发行货币的呢？

现代银行没有权力发行纸币和硬币，这仍然是货币当局的特权。银行可以发放一笔新的银行贷款，将一个以公共货币（英镑、美元、欧元）为单位的数字添加到银行账户。这些钱是神奇的，因为没人知道它们是从哪里变出来的。银行宣称人人都可以贷款，款项也可以正常转移，对此所有人也都觉得理所当然。贷款使借款人能够立即获得资金，当然也承担了在约定的日期之前连本带利地偿还贷款的义务。

如果整个借贷、消费和偿还的过程都是通过银行账户完成的，那么就不需要涉及国家发行的现金货币，如纸币和硬币。如果借款人确实需要现金，银行可以动用自己的现金储备，或者从自己在英格兰银行（中央银行）的账户上扣款来提取现金。在当今的英国，大多数货币都是以银行账户的形式存在的，只是一种记录。只有3%的货币是现金（纸币和硬币）。随着人们越来越少使用现金，银行账户成了货币流通的主要途径。

通过贷款来创造公共货币，并不在银行的计划之中。在这一过程中，也不存在银行家的阴谋。最开始，银行做出了自己的纸币承诺（书面承诺），并管理各种铸币。随着时间的推移，商业承诺货币和国家监管的公共货币合二为一了。这段历史在英镑纸币上体现得最为明显。它开始是一种私人的支付承诺，随着时间的推移，人们对它的信任度不断提高，最终成为公共货币。为了商业目的发行的纸币获得了国家的授权，钞票与硬币被等而视之。后来，国家对银行创造的货币的担保也扩展到了银行账户。

然而，这并没有解决银行部分准备金制度的难题。银行创造的贷款数量仍远远超过其资产。并且，这些贷款不再以纸币的形式发行，而是以银行账户的形式存在。它们解释说，这些贷款创造的货币不是真正的货币，而是"信用货币"，而纸币和硬币才是"真正的"货币。和"部分准备金制度"一样，"信用货币"这个概念，似乎可以用来解释银行通过放贷创造公共货币这一现象的反常之处。直到最近，主要货币当局才认识到，银行在放贷时正在创造新的公共货币。2012年之后，国际货币基金组织、美联储和英国中央银行陆续承认了这一事实。

银行用公共货币发放贷款的重要之处在于，公共货币的供应不再是由国家或中央银行决定的，而是由众多私人贷款决定的。在拥有庞大银行体系的资本主义经济体中，创造货币的主权实际上已经被私有化了。新自由主义者以"手袋经济学"来形容政府支出和借贷，更是强化了这一点。

　　如果"印钱"的不是政府，那么新货币的唯一来源只能是银行贷款。将公共货币供给建立在私人部门产生的债务之上将产生很多影响。主要的问题是，是否能够获得银行服务将取决于一个人的财务状况，而获得贷款更是如此。银行的货币供给必然会向社会中较富裕的成员倾斜。正如18世纪的经验一样，本来就很富有的人最容易获得贷款。银行体系的市场导向越强，就越会受到利润最大化的驱动，向富人和最成功的企业家放贷。人们越穷，企业规模越小，他们获得能负担得起的贷款（或者说是任何贷款）的可能性就越小。

　　这还可能带来生态上的后果。为偿还贷款和利息，企业需要不断扩大生产规模。这未必会立即造成对环境的开发和破坏，但会推动生产和消费。这样一来，人们就没有理由去放慢脚步、减少浪费、减少消费。

　　最后还有债务本身的问题。如果个人、企业和政府没有能力继续偿还贷款，公共货币的供应就会枯竭。在2007—2008年金融危机爆发时，各国政府担忧的正是这一问题。我们将在下一章对这一问题进行讨论。

# 第五章

## 魔法师的学徒：失控的魔法货币

CHAPTER 5

　　《魔法师的学徒》（*Sorcerer's Apprentice*）是德国作家歌德1797年创作的一首诗。内容是魔法师让学徒去打水。由于懒惰，学徒等魔法师离开后偷学了一个咒语，让扫帚去取水。效果似乎很好，扫帚很快就把水打了回来。不幸的是，学徒不知道让扫帚停下来的咒语。打回来的水越来越多，地板都被水淹了。学徒把扫帚掰成了两半，但却是让打水的效率提高了一倍。最终，魔法师回来结束了混乱，并告诉学徒他太笨了，不适合学习咒语。

Kate Mc

　　对于本章的主题——2007—2008年的金融危机，这是一个十分恰当的类比。学徒代表了银行业，神奇的咒语代表了银行通过债务创造货币的能力。一个主要的"盛水容器"代表了金融部门，它们使用"杠杆"——也就是债务来推动其业务。20世纪70年代，自大萧条以来一直存在的监管制度开始放松。在2007—2008年之前，银行和其他金融机构一直在进行一种疯狂的投机活动。其资金来源于债务，而其性质更像是赌博，而不是传统的金融投资。由抵押贷款形成的债务本身成为投资的重点。向穷人兜售抵押贷款的举动，最终被证明是投机大坝上的蚁穴。这一章以危机的最初迹象之一——英格兰东北部一家小银行的倒闭作为开始。然后，我将解释为什么金融部门的"杠杆"投机行为如此危险。最后，我会描述魔法师，即国家和货币当局是如何重新介入来挽回局面的。

## 濒临破产的银行

2007年9月14日，一群人在英国北部的一家小银行外面排队，他们想把自己的存款取出来。北岩银行（Northern Rock Bank）遭遇挤兑的导火索是一则媒体报道，报道称该银行需要向英格兰银行申请贷款。这是英国自1866年以来第一次发生银行挤兑。挤兑开始于周五。整个周末，这家银行的首席执行官都在试图说服人们，该行的基本面是健康的。英格兰银行的行长也一直在试图平息恐慌。尽管如此，挤兑仍在继续，北岩银行每天支付额约为10亿英镑。

到了9月17日，星期一，排队的人数仍在增加，人们对其他银行和建屋互助协会的生存能力也产生了怀疑。当天，英国财政大臣发表了一份史无前例的声明，叫停了这场挤兑。他宣布政府将为北岩银行的所有储户提供支持，并将为现有的所有存款提供担保。2008年2月，该行被收归国有。2011年，北岩银行再次恢复为私人企业（维珍金融以7.47亿英镑的价格买下北岩银行）。

---

银行之所以害怕挤兑，是因为与传说故事不同，银行并不是有多少存款，就发放多少贷款。银行没有装满黄金的金库，也没有成堆的钞票。相反，银行的货币大多数以数字记录的形式存在，其中很多还是银行在发放贷款时自己创造的。这些货币的特别之处在于，它们虽然是银行账户上的记录，但创造的却是公共货币。银行账户的单位并不是银行自己的货币（比如，巴克莱银行的基尼，桑坦德银行的弗罗林），而是英镑、美元或欧元。银行账户里的钱被视为和纸币或硬币一样有效。硬币、纸币、银行卡或电子转账都是货币，因为它们都具有公共货币的地位，都被认为是价值转移的方式。人们很乐意在转账时只看到一个货币数量（数额），因为他们相信自己可以将其作为支付方式。这些代币或记录并不代表保存在某处的

"真正的"货币，只承载着人们的信任。而在发生挤兑时，北岩银行失去了人们的信任。

## 北岩银行

北岩银行创办于1965年，其前身是19世纪中期成立的北岩建屋互助会，它的业务范围仅限于储蓄和为购房者提供抵押贷款。建屋互助会是社会经济的一部分，既不是私人的，也不是政府的。从宪法上讲，该机构是由其会员（即账户持有人）拥有和控制的。其主要决策本应在全体会员会议上做出，但在实践中，大多数账户持有人并不参与协会的管理工作。因此，决策权大部分都落在了管理者的手中。与许多其他建屋互助会一样，北岩银行也感觉运营规则有些束缚手脚。

20世纪80年代中期英国"金融大爆炸"后，受到金融监管放宽的鼓舞，北岩管理层希望能利用金融环境的新"机遇"捞些好处。在美国和英国，金融大爆炸使应用于商业银行和整个金融业的监管体制发生重大变化。普遍的投机活动和银行违约曾引发了20世纪30年代的大萧条，大部分的监管体制都是因此而建立起来的。大萧条后银行监管的主要特点是严格分离银行、投资和保险等金融活动，并严控银行贷款。

在金融大爆炸时期，监管机构放松了对这些活动的控制。金融公司和银行可以合并它们的业务，导致了一波收购和合并的浪潮。贷款变得更具投机性。投资银行由于没有中央银行支持，因此储蓄存在风险。现在它们与以吸收存款为主的商业银行联合起来了，而这些商业银行的经营活动是得到国家货币当局的许可和支持的。商业银行可以通过贷款创造新货币，这使得整个金融部门都接入了银行业的"造钱机器"，商业银行、投资银行、金融公司和投机者之间通过完全不受监管的借贷活动获得了充裕的资金。

北岩银行为保护其会员的储蓄，当时仍在限制性规定的管控之下。只有当它成为一家私有银行，也就是说，如果它脱离社会经济部门成为私营部门，它才能走上金融大爆炸的乐土。这需要将会员股东转变为企业股东。在银行私有化之后，通过给所有账户持有人一定数量的股份可以实现这一点。这一举动遭到了社会经济活动人士的强烈反对，但由于会员对协会管理工作的参与度很低，再加上通过出售股份可以获得几百英镑的收入，大多数会员都通过邮寄投了赞成票。

这一时期出现了一种令人不快的人——"投机分子"（carpetbaggers，专指在建屋互助会中开立账户牟利的人）。因为建屋互助会会向所有账户持有人平等地发行股票，不管他们持有账户多长时间，也不管他们的存款比最低限额高多少，这让投机分子看到了机会。这些投机分子会在多家建屋互助会开设储蓄账户，然后煽动它们转为私有银行，这样就能在新股发行过程中发一笔横财。北岩建屋互助会于1997年成功转型为一家银行。

北岩建屋互助会一直是当地慈善事业的主要贡献者。由于担心在转为私有银行后会失去其社会风评，北岩银行将15%的股份资本划给了一个慈善部门——北岩银行基金会，并且该基金会每年还能获得北岩银行税前利润的5%。后来，该基金会成为当地一个非常重要的公益组织，为该地区大量社会、体育和文化活动提供赞助。它是富时100指数①（FTSE 100）企业中最具慈善精神的公司之一。但在银行重新私有化几年后，基金会就不复存在了。

尽管与国家银行和建屋互助会相比，北岩银行分支机构相对较少，且专注于自己所在的地区，但它还是成长为英国抵押贷款领域的佼佼者，尤其受到首次购房者的青睐。在2007年的前6个月，它在抵押贷款市场上的份额增加了50%以上，并且发出了全英五分之一的抵押贷款。提供覆盖房屋总价100%的抵押贷款，对提高住房自有率颇有帮助。北岸银行发出的贷款中，有四分之一是125%的"一揽子"抵押贷款。顾名思义，这些抵押贷款额比房屋总价高出25%。这种贷款很受欢

①　英国富时集团计算并管理富时全球股票指数系列，该指数包括全球公认的指数到国内的指数。——编者注

迎，因为它们为搬家产生的相关费用提供了额外资金。在该银行崩溃的时候，有大约6000名员工，数千名会员，240亿英镑的存款和1000亿英镑的贷款。

作为一家规模相对较小但放贷数量很大的银行，北岩银行在同业结算过程中处于劣势。如果只有一家银行，货币创造过程就不会有问题。以贷款创造的货币只会在借款人（买房人）的账户和接受者（卖房的人）的账户之间流动。这样一来，钱就没有离开银行。然而，银行并不止一家。如果贷款人在另一家银行有一个账户，钱就会离开贷款银行。

由于北岩银行分支机构数量少，相对于大量的借款者，其存款水平相对较低。该银行发现，将资金从银行转出的借款者多，其他银行转入资金的人少。诚然，随着时间的推移，借款人会在偿还贷款时将所有资金转回，但这种方式回款太慢，为解决结算时与其他银行之间的存贷差额，北岩银行当下就需要资金。

北岩银行有两种方法弥补这一资金缺口。它可以出售这些贷款以获得新的资金，或者用这些贷款作为抵押来借款。那些购买北岩银行贷款的人需要得到借款人不会违约的保证，从而确保贷款的安全性。而那些贷款给北岩银行的人，不仅需要北岩银行保证它发放的贷款有良好的安全性，而且需要北岩银行保证自己有偿付能力，即它能继续经营到清偿债务的时候。只要北岩银行能够吸引投资者购买其贷款，并且其发放抵押贷款产生的收入大于其自身的借贷成本，银行就可以生存下去。

然而，与还款期长达数年的抵押贷款不同，北岩银行用于融资的贷款是短期贷款。如果能够一直用新的贷款来偿还即将到期的贷款，那就不是一个问题。不过，当2007—2008年金融危机开始肆虐时，金融业陷入了瘫痪，问题就出现了。北岩银行无法再从其他银行筹集到新的贷款来偿还之前的贷款。此外，在美国出现抵押贷款违约之后，销售客户贷款的市场已经触底。这就是北岩银行不得不向英国中央银行申请紧急贷款的原因。

根据英国银行业规定，存款担保计划的最高额度为3.5万英镑。然而，这并不足以阻止人们的挤兑行为。为了防止危机在银行业蔓延，英国财政部为北岩银行所有存款提供了担保。北岩银行还获得了80亿英镑的贷款。尽管北岩的市值和股价大幅下跌，但它的基本面是健康的。到2008年9月，它已经偿还了50%的政府贷款。它的贷款业务也是有利可图的，坏账相对较少。2010年，一个支持私有化的新的保守党和自由民主党联合政府在选举中获胜，2011年北岩银行以崩溃前市值五分之一左右的价格被售出。

## 烟雾和镜子：影子银行

北岩银行为其抵押贷款融资所采用的模式，后来被称为

"影子银行"，因为它涉及传统审查方法无法发现的行为。审查银行和企业的主要工具是资产负债表，它记录着资产和负债。

由于北岩银行出售其抵押贷款或将抵押贷款作为抵押物贷款的行为没有体现在其资产负债表中，因此，人们不了解北岩银行从其他银行筹集贷款或寻找买家购买抵押贷款的能力，且无法弄清该行对融资渠道的依赖程度。

影子银行的主要运作机制是证券化。房产按揭贷款和其他贷款变成了金融投资产品。贷款被打包成按揭证券或债务抵押债券，然后直接出售或以回购协议的形式出售。回购是指以约定的价格出售某物，卖方承诺日后以更高的价格回购该资产。回购实质上是一种贷款，以"售出"的物品作为抵押，以较高的价格回购，回购价格中包含了利息。

打包的房产抵押贷款和其他类型的贷款（如汽车贷款、消费信贷）并不是卖给一个买家。它们被"切成小块"，做成利率和价格不同的投资产品，反映不同的风险水平。如果某些贷款发生违约，那么回购利率最低或者购入证券贷款价格最高的客户，将最先得到银行的偿付。回购利率越高或购入证券贷款价格越低，将越晚被赎回，以此类推。通过信用违约互换（CDC），贷款包的持有人可以获得更多保障。他们支付一定的费用，来防范债务违约。银行和金融企业身兼卖家、贷款人、买家和承保人多种身份，被锁定在一个证券化的网络中。

## 飞涨：乘着债务的翅膀

除了买卖银行客户的债务，金融部门本身也成为主要的借款方。投资者的资金实力通过"杠杆"得到了强化——用借来的钱增加特定投机活动的价值。用很少的初始投资，就可以借到大量的贷款，就像是魔法师从空空如也的袖子里变出一束鲜花，或者从一个小容器里变出源源不断的旗子一样。使用杠杆，只要使用很小的力就可以撬动一块大石头，在初始投资较少的情况下通过大量代管增加投资总额，可以极大地增加利润。

其中的原理很简单。如果将100英镑投资于股市或币市能带来10%的回报，那么总回报额为110英镑。然而，如果有一笔成本为5%的1000英镑的短期贷款，用它来增加投资，回报则会增加50英镑（1000英镑的10%，扣除5%的利息费用），原来的100英镑会变成160英镑，回报高了很多。似乎每个人都是赢家：原投资者获得了高回报，短期放债人获得了费用和利息，中介基金经理获得了中介费，一切都很好——除非投资失败了。

增加投机性投资的另一种方式是保证金购买。操作方法是同意以特定价值购买股票或某种货币，但只支付一小笔定金，而不是预付全额。这种情况下也是一样的，只要投资的价值超过你同意支付的金额，就可以用少量的费用获得可观的利润。

在金融危机爆发前，大多数投资银行和其他投资基金管理机构都是依赖杠杆（借款）来提高利润的。尤其是私募股权和对冲基金，它们发现银行愿意以极低的成本向投资性金融机构放贷。私募股权公司专门从事"杠杆收购"业务。它们借钱买断其他公司的股份或所有权，目的是在未来重新出售股份或通过所有权来获利。

对冲基金什么都赌——股票、证券、期货、货币——通常使用短期贷款进行交易。对冲，原本的意思是为不利情况做预防，如歉收或价格下跌，和现在的含义相去甚远。

投机性对冲基金起源于20世纪70年代。当时，布雷顿森林体系已经瓦解，货币汇率不再是固定的（1944年在新罕布什尔州布雷顿森林镇召开的会议上，美国要求各国固定本国货币与美元的汇率）。

对冲基金可以对世界货币市场产生重大影响。据估计，当时每日国际货币交易总量的95%来源于投机活动。投机性"押注"可以对股票或货币等特定资产的交易"下注"，也可以对特定投资的走势"下注"。两者之间的区别，就像是在一场比赛中对某一匹马下注与对胜利者领先第二名多远下注的区别。后者被称为"衍生工具"。凭借预测未来事件的能力，对冲基金似乎拥有神奇的赚钱秘诀。这是因为它们基于所谓"火箭科学家"开发的计算机程序，发展出了一种晦涩难懂的科学——交易算法。用一个对冲基金企业的失败案例，可以揭示银行贷款在支持投机活动方面的核心作用。

## "大到不能倒"的对冲基金

1994年，一家名为长期资本管理公司（LTCM）的对冲基金成立，其目的是利用其获得诺贝尔经济学奖的合伙人罗伯特·默顿（Robert Merton）和迈伦·S. 斯科尔斯（Myron S.Scholes）开发的一种被认为是不会失败的投机方法赢利。在最初的几年里，长期资本管理公司取得了巨大的成功，其资本一度达到了50亿美元。然而，在1998年，它面临着巨大的潜在损失，原因是该模型中"意想不到的事"真的发生了。俄罗斯政府发生了债务违约。

长期资本管理公司运用了高杠杆对冲基金公式，通过在50多家银行借贷来扩大其投机活动。其主要业务是利用衍生工具进行保证金押注，用少量的初始支出进行大额押注。其杠杆率（借款与实际投资的比率）估计在35∶1到100∶1之间。根据当时美联储负责人艾伦·格林斯潘（Alan Greenspan）的说法，长期资本管理公司的贷款额约为1200亿美元，并拥有价值约1.25万亿美元的衍生品头寸。

作为当时最大的对冲基金，长期资本管理公司不得不解绑其所有"赌注"，这对金融市场的影响是巨大的。它被认为"太大而不能倒"，美国的中央银行（美联储）召集了14家银行，提供了36亿美元的救助资金，使长期资本管理公司能够慢慢平仓。它向银行提出的理由是，如果长期资本管理公司倒闭，那么银行遭受的损失将会更大。

作为当时的美联储主席，格林斯潘对在长期资本管理公司的崩溃过程中没有动用国库资金感到自豪。显然，他没有把银行大规模核销和救助算作公共资金支出。尽管长期资本管理公司的危机发生在1998年，但在2007—2008年危机之前，人们似乎还是没有吸取教训。

为了避税，对冲基金大部分资金都存放在海外，它们是建立在债务基础上的全球赌场经济的象征。对冲基金对股票市场、货币和其他金融投机领域产生了巨大影响。在其鼎盛时期，全球衍生品市场的规模是全球商品和服务产值的十倍多。鉴于对冲基金对银行贷款的高度依赖，它们最容易遭受信贷紧缩的冲击。到2009年，欧洲和美国的许多基金公司要么已经关闭，要么就是在缩减业务。不过，这种对投机性投资的谨慎态度并没有持续多久。据《华尔街日报》报道，到2010年，银行向对冲基金和私募股权公司发放的贷款已经恢复到危机前的水平。

在投机者债务快速增长的同时，其他形式的债务也在增长。监管的放松，还意味着结束了对各种形式的个人和家庭信贷的限制。随着家庭债务的增加，借贷成为一种生活方式。2006年，美国家庭债务总额接近其国内生产总值（国内生产总值）的122%，英国的统计数据也大致类似。2007—2008年，威胁西方银行体系的正是与金融投机相关的家庭债务。

## 穷人（暂时地）榨干了神奇的造钱机器

在20世纪末互联网泡沫破裂后，借贷成本（尤其是在美国）非常低，但有利可图的投资机会又非常有限。债务成为下一轮金融业大繁荣的关键。债务不仅促进了投机活动，而且债务本身也成为一种可以交易和赌博的商品。用抵押贷款再贷款成为银行日益重要的收入来源。这是银行贷款的一个新领域，而传统的抵押贷款一般是通过专业机构来发放的。

20世纪90年代之前，英国近三分之二的抵押贷款是由建屋互助会提供的。随着建屋互助会的私有化和逐渐兴起的贷款融资新机制，这一比例下降到了五分之一，而商业银行占据了最大份额。在美国，传统的房屋抵押贷款为固定利率，并且主要是由两家大型机构承保：房利美（联邦国民抵押贷款协会）和房地美（联邦住宅贷款抵押公司）。它们为美国一半的房屋抵押贷款提供了支持，价值约50000亿美元。这使得购置房屋一事易于控制，因为借款人知道他们的按揭还款在整个贷款期间将保持不变。全英房屋抵押贷款协会的贷款利率也是可预知的。

改变美国的是可变利率房屋抵押贷款的引入。到2007年，近50%的美国房屋抵押贷款是以可变利率发放的。这使贷款机构感到很兴奋，因为如果利率上升，借款人就会发现自己要面临更高的还款利率，而不是像以前那样，所有借款人待遇相同，还款水平是可预测的。新的抵押贷款公司如雨后春笋般涌现，因为它们知道，只要将客户说服，就能将款项贷出去。有一连串的投资者已经准备好买断抵押贷款，或者借出更多的钱来提供新的住房贷款。因为按照传统，房屋抵押贷款是一种绝对可靠的投资，很少出现违约。

由于银行和抵押贷款公司急于放贷，大量资金涌入房地产市场。房价开始急剧上涨，人们开始把房子看作一种金融资产，而不是一个居住的地方。长期购房者发现，他们拥有房屋的价值远高于他们现有的抵押贷款数额。这给了抵押贷款公司另一个绝佳的机会，因为人们开始通过另一轮抵押贷款来"释放"房屋的价值。

但随着贷款风潮向更贫穷的人群蔓延，最终终结了这一利润丰厚的放贷热潮。对于贷款机构来说，低收入客户很有吸引力。因为给他们贷款会被认为风险更大，所以可以向其收取更高的利息。这些新房主没有意识到的问题是，利率会在几周或几个月后急剧上升。对于美国的购房者来说，他们习惯了在贷款期限内利率固定的抵押贷款，因此很自然地认为，最初的还款利率将持续下去。此外，借款人的个人情况也被忽略了。贷款时提供的信息，包括支付能力在内，并没有经过核实。这导致了恶名昭著的"忍者贷款"——没有收入，没有工作，也没有被询问任何问题，就能借到贷款。

之所以采取这样一种随意的方式，是因为那些发放抵押贷款的人本来就打算很快将债务卖掉。这意味着他们几乎没有动力将贷款风险降至最低。传统住房抵押贷款的风险评估，需要对借款人进行仔细审查。在新的环境下，评价贷款人信用的可靠性不再以个人信用水平为基础，而是通过统计计算和分析来进行，采用的是年龄、地点或财产类型等数据。一切似乎都没有问题。当下，更多的人能够买得起房子了，或者说，有更多的人能够利用他们现有的房子筹集资金了。抵押贷款公司能够贷出更多的贷款并收取费用。银行将证券化了的抵押贷款出售给渴望获得更高回报的投资者并收取费用。保险公司则为违约提供担保。

美国房价增速从2004年起开始放缓，利率开始上升，此时次级抵押贷款市场的问题出现了。在贷款后三个月内就违约的情况之前几乎闻所未闻，但当时却开始发生了。收入较低的家庭开始失去他们的房子，抵押贷款公司开始倒闭。那些购买大量抵押贷款作为投资的人开始质疑这些贷款的价值。

当这种创新的抵押贷款支持证券首次发行时，它的最高投资评级为AAA。这是由评级机构的著名财务顾问对一项投资的风险程度进行评估后做出的判断。AAA评级允许更保守的机构投资，比如养老基金。抵押贷款支持证券投资的AAA评级，充分说明了美国几乎没有人听说过抵押贷款违约的案例。当违约发生时，投资者并不知道他们手中的抵押贷款包还价值几何。

次贷危机对银行来说同样是一场危机。它们发放的贷款因为无法再售出，现在必须将这些货款计入资产负债表，并且其中许多贷款可能会违约。债务在机构间买卖，风险也在随之流转，这种循环曾是整个被证券化了的系统中的主旋律。受监管的金融机构和非银行金融机构，既是证券的买家和卖家，也是风险的担保人。通过这些复杂的投资网络，证券化的过程没能分散风险，反而将风险扩散了。这影响了银行之间结算付款和以平衡账目为目的的短期贷款业务。对抵押贷款违约的担忧引发了人们对其他类型金融投资的质疑，整个"影子银行"

也随之停止运转。北岩银行是这种"信贷紧缩"的早期牺牲品。银行背负着未知的风险，因此拒绝给任何人提供更多的信贷。

## 那些"无关紧要"的投资银行

2008年9月是另一个关键的转折点。当时，有逾150年历史、拥有2.5万名员工的美国投资银行雷曼兄弟公司（后简称雷曼）申请破产。雷曼一直在大力参与新型金融投资，人们认为雷曼2007年每投资1美元就借了大约30美元。由于无法找到任何新的投资者或贷款机构来帮助其弥补数十亿美元的资金缺口，雷曼只好向美联储求助。但是它的请求被拒绝了，因为雷曼不是一家商业银行，它只是一家投资银行，没有资格接受纾困。最终，雷曼破产了，几乎拖垮了整个西方银行体系。

为什么美国一家投资银行的破产会引发如此大的危机？答案就是投资银行与商业银行不同。它们不吸收存款或发放贷款，而是接手人们已知有潜在风险的投资。问题是商业银行自身也卷入了投资贷款的业务中。如果雷曼不能偿还其贷款，就将威胁到发放这些贷款的银行的偿付能力。危险在于，这将引发商业银行的挤兑。

系统中缺乏现金是最令政府担忧的问题，这也引发了政府的行动。如果人们试图通过自动柜员机提取大量现金，那么很短的时间内会出现现金荒。这将揭示现代货币的真相：它并不存在，并不是传说中叮当响的金属货币，只是一个由债务和承诺组成的精妙体系。一旦出现现金荒，人们就会看清没穿衣服的"货币皇帝"。如此一来，这将不再仅仅是一场金融危机，更会成为一场货币危机。当自动柜员机里取不出钱来的时候，公众对货币体系的信任将逐渐瓦解。

## 魔法师回来了：拯救银行

随着危机的加剧，私营银行的股价暴跌。这是因为人们认为银行发放的贷款已经变成"有毒"贷款，并且不太可能偿还，所以普遍感到了恐慌。北美和欧洲的银行业和金融业的关系非常紧密，以至于没有防火墙能阻止危机的蔓延。在1907年的美国，当时的银行家J. P. 摩根实力雄厚，足以平息人们的恐慌。但当下就不同了，所有的银行都受到了影响，能够指望的只有国家（政府）。各国能做的就是大幅增加支出来拯救它们的银行。这些钱并不是通过税收得来的，也不可能通过税收得来，因为金融业崩溃带来了经济衰退，税收也陷入了枯竭。政府也借不到钱，因为政府不得不介入的原因正是银行业和金融部门的贷款业务已经陷入停滞。

各国所做的就是"印钱"。这并不是字面上的意思，各国没有开足马力24小时印制钞票，也没有动用中央银行的黄金或其他形式的"真正"货币来"支持"它们的支出。正如我们所看到的，现代货币主要以银行账户的形式存在，因此各国政府给各种机构的银行账户上增加了一个数字，或者为它们的银行账户提供担保。这极大地扩大了各国的预算，导致它们的"赤字"（国家支出多于国家收入）猛增。

国家慷慨援助的主要受益者是银行。资金流向银行，使其能够继续经营。如果这还不够，各国就会将其接管。在北岩银行国有化的同时，英国政府还向世界上最大的银行之一苏格兰皇家银行（RBS）注资超过200亿英镑，持有了其超过80%的股份。苏格兰皇家银行的情况非常糟糕，结果就是10年后该银行的大部分股份仍然是国有的。

苏格兰皇家银行的例子，展现了魔法师学徒（银行）的失控程度。2008年，苏格兰皇家银行的亏损超过了240亿英镑，其中大部分损失（价值数百亿英镑）是由收购荷兰银行造成的。尽管北岩银行已经倒闭，但这笔交易仍在继续。危机还暴露出金融业和银行业存在的巨额工资和其他支出方面的问题。在金融危机期间，苏格兰皇家银行的高管主动离职，还拿到了每年超过70万英镑的全额养老金，这一事实引起了公众的反感。在巨大的压力下，这位高管主动提出放弃部分养老金。他还被剥夺了骑士爵位，没有资格再被称为"阁下"。

政府还为"有毒债务"提供保险，并延长银行债务担保期限。苏格兰皇家银行根据英国政府的"有毒债务"担保计划为3250亿英镑的资产投保。另一家合并而成的银行，劳埃德-哈里法克斯银行与政府达成协议，为其制造的2600亿英镑的潜在不良贷款提供担保。在美国，类似的问题资产救助计划（TARP）到2010年年底已经花费了7000亿美元，用于从其国内银行购买不良贷款。美国也直接给银行提供支持。政府收购了花旗集团（一家大型跨国银行和金融服务公司）的大量股份，同时还提供了新的资金来保证其他几家银行的偿付能力。有些时候，美国和英国政府向某个银行投入的资金超过了该银行作为一家企业的价值。

这期间，各国之间表现出了一些惊人的差异。西班牙因为严格的银行法，西班牙国际银行（桑坦德银行）在很大程度上挺过了这场风暴，而在以银行业实力著称的瑞士，巨头瑞银面临巨大损失，需要国家的支持。就连一向保守的德国银行也未能幸免。德国政府不得不为不良债务筹集了大量准备金，并入股其第二大银行德国商业银行。就连德意志银行也在2008年亏损了近40亿欧元，这是其50年来的首次亏损。然而，国有银行的表现也好不到哪里去。德国州立银行——巴伐利亚州立银行损失惨重。此外，建屋互助会也没能逃脱。在英国，一些协会不得不被更强大的协会接管或合并。

危机发生的第一年，英国政府至少花费了6000亿英镑用于银行救助，这比危机前一年英国的全年国家预算还要多。据估计，到2012—2013年，2007—2008年金融危机仅给美国政府和货币当局造成的总损失，就达到了130000亿至200000亿美元。

救助成本如此之高，其中一个原因是银行和金融部门的扩张速度远超国内生产总值的增长速度。国内生产总值是一个国家（或地区）所有常住单位在一定时期内生产活动的最终成果。银行存款和资产价值的上涨部分不计入国内生产总值。由于金融扩张的结果，很多国家银行账户上累积的货币总量远超国内生产总值。在巅峰时期，苏格兰皇家银行资产负债表达18000万亿英镑，比当时英国国内生产总值总额还高。英国所有银行的资产负债表总额可能高达50000亿英镑。面临同样困境的爱尔兰政府为其所有银行资产提供了担保，这一承诺相当于其国内生产总值的两倍。

值得注意的是，很少有银行家因助长危机的行为而受到惩罚，而银行业和金融业的操作手法几乎没有什么变化。冰岛是个例外，因为该国允许银行破产，数名银行高管因金融犯罪（轻罪）被判入狱。

在2008年年末人们就已经发现，仅向银行注资是不够的。当然，到了2009年年初，迹象就更加明显了。经济领域的各方面建设都需要资金支持。世界各国政府不再虚荣，纷纷放弃市场的独立性，开始向本国金融部门和更广泛的经济领域注入资金。它们通过政府支出、超低利率和晦涩难懂的"量化宽松"三项措施相结合的方式达到其目的。"量化宽松"是一种委婉的说法，主要是指中央银行在实行零利率或近似零利率政策后，通过使用购买国债等中长期债券，增加基础货币供给，向市场注入大量流动性资金的干预方式，以鼓励开支和借贷，也被简化地形容为间接增印钞票。

中央银行可以购买投资者或银行发放给企业的贷款，促使它们用这些钱投资新的企业。政府也可以买回自己的债务，再次向持有者提供资金，以期其进行有效的投资。中央银行也可以直接向国库发放资金用于公共支出，不过这些资金通常是以贷款的形式拨付。美国推出了用新的电子货币购买政府债务和其他形式债务的计划，到2015年已经累积支出近40000亿美元。英国则花费了4750亿英镑回购政府债券。虽然公共部门债务已被新创造的公共货币回购，但它们并没有被取消。英国保守党和自由民主党组成的联合政府利用这些债务，加上危机造成的公共支出赤字，来推行它们严厉的财政紧缩计划。

欧洲中央银行（ECB）对积极货币干预的理念持否定态度，因为这与欧洲中央银行奉行的贷款给政府及直接发行货币的新自由主义指导方针不符。根据新自由主义的方针，欧洲中央银行不能直接购买或管理主权债券。它可以发行新货币，但只能是为了满足商业银行的需要。然而，2015年，面对濒临崩溃的欧洲经济，欧洲中央银行还是启动了量化宽松计划。

通过金融部门实施量化宽松的危险之处在于这些资金只会流入那些最初导致金融崩溃的人之手。不过，直接增加加强基础设施建设或服务等公共支出、向生产性企业放贷或给家庭提供补贴，可以为人们带来更直接的帮助。发行新货币，有许多建设性的方式，我们将在最后一章进行讨论。

为将本国经济从债务推动的虚假繁荣中拯救出来，各国竭尽全力，但成效并不明显。20世纪90年代初，日本房地产价格大幅飙升，随后经济崩溃了。之后，日本尝试了一系列措施。自2001年以来，日本利率一直接近于0。资金大量涌入银行。增加政府开支和量化宽松的措施都没有取得显著的成功。日本还曾尝试向所有家庭发放现金、向失业人群发放贷款、为房主减税、支持银行、为小企业提供信贷，但都收效甚微。不过，日本现在仍然是一个主要的经济体，这表明一个国家尽管可能债台高筑，但依然可以在竞争中胜出。

到2009年年中，世界经济仍在下滑，失业率仍在上升。

因为支持金融业的巨额支出推高了公共部门赤字，公共财政面临着巨大压力。新自由主义没有把重点放在银行和金融部门的失败上，而是抓住机会攻击其主要目标：社会福利政策。

## 恶毒的魔法：财政紧缩

最初公众对危机的普遍反应似乎表明，金融市场和手袋经济学的统治地位一定会终结。金融业颜面扫地，并且可以明显看到，金融业能够存活下来，公共财政发挥了核心作用。然而，改变的机会稍纵即逝。预想中能够提出另一种货币和金融战略的社会和政治运动并没有出现。当然，也曾有过激烈的抗议运动，比如美国的"占领华尔街"民众抗议活动，但没有人提出可以挑战传统思维的提案。在缺乏明确的政治和思想选择的情况下，银行纾困行为被转而用来攻击公共部门。银行危机和银行的不当行为不再被认为是问题的关键，压力被转向了被视为无法偿还的国债，而解决办法是通过紧缩措施减少公共支出，直到债务回到"可接受的"水平。

在2007—2008年的危机中，因为银行救助成本和福利支出不断增加，同时由于经济衰退的影响，税收收入大幅下降，公共债务和赤字都在增加。英国经济的崩溃意味着赤字，即政府收入和支出之间的差距从2%上升到了10%。由于传统经济学不承认国家可以创造货币，任何原因造成的国家收入缺口都会被视为增加了国家债务，也就是说，这些债务被认为是政府欠金融部门的。结果，英国国债占国内生产总值的比例从40%跃升至80%。

在危机发生时，执政的英国工党政府遵循凯恩斯主义模式，试图通过增加公共支出促进市场复苏来填补国家支出的缺口。但当保守党和自由民主党组成的联合政府在2010年上台后，又放弃了凯恩斯主义的战略。新自由主义政府没有把问题归咎于金融部门，他们认为市场没有责任，承担责任的应该是国家。它启动了一项紧缩计划，以减少政府开支，降低国家债务。

这种手袋经济学的国家支出方式，得到了欧盟政策的支持。欧盟规定，国家公共债务不得超过其国内生产总值的60%，国家赤字率不得超过3%。这项规定的基础是一篇学术报告。根据该报告，当一国政府的债务超过其国内生产总值的90%时，经济增速就会下滑。尽管支持这一报告的统计证据后来被发现是错误的，但大错已经铸成，各国广泛实施了紧缩计划。

在英国，紧缩计划宣称的目标是让每个人都有工作，虽然工作不稳定、报酬也很低。计划还包括全面削减开支，包括大众公共服务、福利、养老金和公共基础设施支出。尽管政府采取了减税和削减公共预算的措施，赤字和公共部门借款仍然居高不下。

　　第七章将更全面地解释，人们对政府赤字的歇斯底里源于对货币体系运作方式的错误理解。赤字不应被理所当然地视为一个问题。相反，如果以债务为基础的公共货币供给开始枯竭，赤字可能是必要的。国家拥有的权力，赋予了它创造非债务性新货币的能力。中央银行为拯救银行和重振经济而创造的货币不是从任何人那里借来的。和一般的银行一样，中央银行可以通过将数字存入账户来创造新货币。然而，与普通银行不同的是，中央银行的货币不必通过贷款借出就能流通：它可以直接使用。这是因为中央银行创造新货币的权力与银行的权力不同，银行拥有的只是发放贷款的权力。中央银行行使的，是创造新货币的主权权力。

　　国家创造新货币的主权权力，使其能够收取铸币税，即获得首次使用货币的利益。在人民拥有主权的地方，创造货币的主权权力可以直接用于造福人民。我们没有必要对金融巨头或市场感恩戴德。将货币的创造和流通以债务的形式进行私有化控制，从意识形态上讲，其理由是经济责任应由借贷者承担。根据这种思想，个人、公司和政府不会借到他们无法偿还的债务，放贷机构也不会把钱借给那些信用欠佳的人。相反，某些国家的政府被视为挥霍无度、效率低下，总是浪费纳税人的钱。

　　然后，争论的核心就变成了公共货币供给是私人事务还是公共事务。正如前一章所讨论的那样，产生这种混淆的原因是，由私有银行放贷创造的货币成了公共货币的代名词。经济危机表明，最终还是需要魔法师（政府）来收拾残局。大量利用银行贷款进行投机的行为，相当于是在一种不可持续的金融秩序里用公款赌博。对占主导地位的新自由主义模型缺乏根本性的挑战，意味着在以银行为先导的现代货币体系中，为公共货币稳健性负责的是大众，而保留着控制权并从中获得经济利益的却是私营企业。

虽然国家拥有大量的社会资源，包括其创造货币的权力（在为银行纾困时可用），以及国家在确保货币体系安全方面的核心作用，但是这并未使人们意识到国家作为货币代理人的关键作用。此外，人们还没有意识到，金融部门和私有化的货币供给体系对显性和隐性公共担保的依赖性有多大。这就产生了经济学家所说的"道德危机"，即在知道魔法师一定会将因学徒学艺不精引来的水舀出去的情况下，金融从业者会过度冒险。虽然公众已经失去了对银行创造公共货币供给的控制权，但他们并没有摆脱对公共货币应负的责任。面对银行自主创造公共货币的要求，国家不仅不能退让，而且必须要避免被货币起源传说催眠。银行债务在货币发行中的主导地位，意味着公共货币供给实际上已被私有化了。

# 第六章

## 甩开魔法师：脱离国家监管的货币

CHAPTER 6

前一章探讨了当国家失去了对货币体系的控制时会发生什么。20世纪80年代，由于美国和英国监管措施的松动，银行通过贷款创造了巨大的货币量，金融市场被解放，热钱在全球自由流动。国家（魔法师）管制的时代似乎已经结束，市场可以自己发展。不幸的是，这个体系在短短几年内就陷入了危机，国家不得不再次介入。

本章探讨了三种在没有国家监督情况下建立货币体系的方式。第一种方式是欧元，它作为一种跨国货币被创立，在此种货币体系中，对货币的控制被视为一种基本规则框架下的主要行政活动。第二种方式，其目标是通过使用加密货币建立一个没有任何货币机构（银行、国家）的货币系统。这种方法将货币的产生和流通视为一种纯粹的技术操作，不需要任何形式的监督。第三种方式历史悠久。它希望能够自下而上建立货币共同体，挑战各国货币和政府的角色。创立本地货币的例子有很多，它们被描述为与国家货币相辅相成或平行的社会货币。这些货币几乎与欧元和加密货币完全不同，因为它们强调的是货币的社会功能，而不是将其视为不带感情色彩的技术或行政问题。

正如之前论证过的，货币既是一种社会现象，也是一种政治现象，所以从逻辑上讲，三种方式都注定会失败。就欧元和加密货币而言，它们失败是因为没有解决货币的社会和政治环境的问题。另外，社会货币失败是因为其不适用于更广泛的政治和经济领域。

## 欧元：和平的魔药

正如前面多次提到的，欧元在很多方面体现了现代货币的特点。它是一种确认无误的法定货币，但是它也丝毫不掩饰自己只是一个用来衡量、比较和流通的数字单位。欧元纸币只是简单地标明了它们的数值：5欧元、10欧元、20欧元。与英镑不同，欧元并没有声称自己代表着某种更优越或更有价值的货币形式。它不是可以用黄金或其他任何东西"支付"的"承诺"，它也不觉得自己有必要像美元一样宣称自己是得到授权的"法定"货币。货币体系是人们生活的重要组成部分，因此毫无疑问，作为受到认可的公共货币，无论是纸币、硬币，还是银行账户中的数字或其他货币记录，欧元在欧元区可以用于各种用途。虽然欧元是一种简单朴实的货币形式，但它的起源或运作方式绝对算不上简单明了。

虽然创立欧元的想法已被讨论了30多年，但直到1999年欧元才诞生，并在2002年逐步取代了原有的国家货币。尽管人们希望最终所有欧盟成员国都采用欧元，但最初15个欧盟国家中只有11个加入其中，为首的是德国、法国和意大利。在未加入的欧盟国家中，最引人注目的是英国。2018年，欧盟28个成员国中有19个加入了欧元区，而英国不仅不在欧元区，还在2016年脱欧公投后，陷入了完全脱离欧盟的阵痛之中。要理解欧元，就必须理解其背后的社会和政治条件。

在30年内经历了两次灾难性战争[①]后，欧洲人非常希望未来不再发生冲突，这一愿望推动了一个项目，而欧元就是这一项目的高潮。为确保未来的和平，那些拥护建立泛欧洲结构人的总目标是在以前的交战国之间发展各种形式的合作。各国政府经过讨论，得出的结果是：在社会层面将国家联合在一起最好的方式就是在经济上联合起来。欧元是这一愿景生成的最后的结晶。

现在的欧盟诞生于1950年，当时的名字叫欧洲煤钢共同体。创立这一共同体的国家有：比利时、法国、西德（原联邦德国）、意大利、卢森堡和荷兰。多年来，该组织的规模和目标都在扩大。1973年，丹麦、爱尔兰和英国加入了该组织。1981年希腊加入，1986年西班牙和葡萄牙加入，1995年奥地利、芬兰和瑞典加入。2004年，又有10个新国家加入了该组织。2007年保加利

---

① 指第一次世界大战（1914—1918）、第二次世界大战（1931—1945）两次世界大战。——编者注

亚和罗马尼亚加入，2013年克罗地亚成为欧盟第28个成员国。英国在2016年公投后，成为第一个提出脱离欧盟的国家。

随着越来越多的国家加入，这一组织的结构和规划也在扩展，它的名字也改为了欧洲经济共同体。

该组织建立了一个政治框架，即欧洲议会。1979年，欧洲议会首次根据比例代表制进行直接选举。各政党提出多选区候选人名单。候选人是根据每个政党的得票比例选出的。然而，欧洲议会相对来说没有什么实权，因为欧盟的实际运作机构为欧盟委员会（欧洲的行政机构）和欧盟理事会（欧洲政府）。欧盟委员会和欧盟理事会委员都是由各国政府选择和任命的。

欧盟制定了很多共同政策，如农业和区域发展政策等。其基础是所谓"社会市场"的观点，即各国政府和欧洲机构积极干预关键市场。社会市场模式认为资本主义市场经济本质上是有缺陷的，需要国家发挥强大的作用，并对公民进行全面保护。在这种背景下，欧洲各国协调一致的经济政策，包括统一货币的理念，被视为社会和政治和谐的象征。人们认为，拥有共同货币和共同发展经济政策的国家之间不会对彼此发动战争。但以21世纪的眼光来看，主权国家在内战中都可能会四分五裂，欧盟这种想法显得过于乐观了。与此同时，其他力量也在兴起，新自由主义思潮逐渐取代了社会市场思想中的经济干预主义思潮。

20世纪80年代，社会市场模式被抛弃，取而代之的是基于新自由主义原则的开放"自由"市场。在英国首相撒切尔的大力倡导下，新机制寻求将政府的作用最小化，并消除市场活动的所有障碍。1986年，《单一欧洲法案》（*Single European Act*）签署，欧洲成员国创建了一个单一的、一体化的市场。商品、服务、人员和资金的自由流动，促进了自由贸易。这使得单一货币成为一种经济货币而非政治货币。然而，欧洲在政治上统一的梦想并没有熄灭。通过1992年的《马斯特里赫特条约》（*The Maastricht Treaty*），即《欧洲联盟条约》，欧盟正式成立。这是在保持商业利益主导地位的同时，谋求更深入的政治合作。

在这两种截然不同的背景下，欧元诞生了。欧元被视为对自由贸易的支持，因为它的出现消除了与不同货币打交道的复杂性。当然，它也代表了一种极具象征意义的政治姿态：为巩固国家间的团结，愿意放弃重要的国家象征——国家货币。

**从管理员到魔法师：欧元是怎么发现它的魔法的**

本书中的核心论点是，有两种新的货币来源可以被形容为摇钱树：国家支出和银行贷款。在现代经济中，中央银行与两者都有联系。作为国家的一个机构，中央银行可以行使主权权力来发行新货币供公众使用。作为负责管理公共货币的组织，它担负着发行货币来支持银行业的任务。

然而，根据新自由主义手袋经济学，国家创造货币的主权权力必须受到限制。所有的新货币必须由市场产生。在国家不创造货币的情况下，新的公共货币的唯一来源将是银行贷款。欧洲中央银行管理欧元的基本原则是遵照新自由主义规则建立的。总部位于法兰克福的欧洲中央银行在提供新的、公开发行的货币时，只有向银行业放贷这一种方式。最重要的是，欧洲中央银行不会向各国提供资金或贷款。

如果各国想要募集比税收更多的资金，它们得向金融部门申请贷款。政府通过发行有息债券来实现这一目标，这些债券由金融机构购买。债券的期限是固定的，到期后由国家赎回。即便如此，各国通过这种方式筹集资金的数量仍然受到限制。根据1997年的《稳定与增长公约》（*Stability and Growth Pact*），各成员国被要求将公共支出赤字控制在本国国内生产总值的3%以下，而公共债务总额须保持在国内生产总值的60%以下。从这些限制条件中可以清楚地看出，国家赤字或借贷不会成为欧元货币供给的主要来源。

欧洲中央银行的新自由主义的政策仅持续了10年。随着2007—2008年经济危机的深入，欧洲中央银行发现自己越来越倾向于支持国家借款。不仅是因为国家因经济崩溃而陷入困境，还因为购买了国家债券的银行和金融机构也面临着无法收回债务的可能性。在救助银行的同时，国家也需要救助。很多国家，比如爱尔兰、葡萄牙，尤其是希腊，发现自己无力偿还债务，欧洲中央银行、欧盟和国际基金组织不得不提供资金为其纾困。

为了通过银行贷款刺激下滑的货币供给量，欧洲中央银行向欧洲银行业注入了10000亿欧元的廉价贷款。然而，由于在不利的经济环境下，银行无力增加放贷规模，大部分资金都留在了它们的欧洲中央银行储备账户中。为了促进银行放贷，欧洲中央银行甚至对各银行存到欧洲中央银行账户上的资金收费。到2012年年中，欧洲中央银行行长马里奥·德拉吉（Mario Draghi）被迫采取了更有干预主义色彩的立场。他宣称，欧洲中央银行准备不惜一切代价保护欧元。到2014年，他已将利率降至几乎为0的水平。到2015年，欧洲中央银行开始推行"直接货币交易"计划，也就是量化宽松的货币政策计划。欧洲中央银行不仅向银行提供廉价资金，还直接购买各种形式的债务，包括国债。

欧元区的经验表明，市场经济离不开公共经济（public economy）。单靠银行放贷无法维持公共货币供给。当市场失灵，银行贷款这一造钱机器慢慢停止运转时，就需要动用创造货币的主权权力（即使它伪装成政府借款）。将欧元保持为一个纯粹的行政管理体系的目标失败了。欧洲中央银行不能只是被动地回应以市场为导向的银行业的要求。起初，它只是采取大幅动作，试图让银行继续放贷。但随着危机的发展，它开展了越来越多的救助行动，并进行了激进的货币干预。

接下来的问题是，欧洲中央银行角色的改变会带来怎样的政治影响。当所有决定都由市场通过银行借款做出时，欧洲中央银行似乎没有必要接受公开的政治监督。然而，如果欧洲中央银行卷入了经济救助、国家财政和其他的积极干预行动中，就需要有一个政治框架来确定优先次序。哪些国家需要拯救？哪些国家或公共机构应该获得贷款或资金？这需要某种形式的政治结构来决定货币政策。

在欧洲货币体系中，新自由主义思想占据上风是由居于优势地位的欧洲国家主导的，特别是德国。然而，南欧和东欧一些国家经济较弱，需要采取更加积极的干预主义的货币战略。2007—2008年的经济危机之后，对疲弱经济体采取的新自由主义的举措，导致了公共部门的紧缩和公共资产的私有化。这两种变化对希腊的影响最为明显。笔者认为，摧毁公共经济并没有强化市场，反而削弱了市场。如果想让私营部门实现复苏，这些国家需要足够的赤字开支。笔者将在下一章对这一点进行说明。新的资金应该用于建设公共基础设施和提供公共服务，直到流通中的资金足以支撑起一个充满活力的商业部门。

新自由主义的货币观是一种零和博弈①的观点：对希腊进

---

① 零和博弈指参与博弈的双方，在严格竞争下，一方的利益必然意味着另一方的损失，博弈各方的收益和损失相加的总和永远为"零"。——编者注

行救助，被视为德国纳税人的负担。这完全误解了货币的概念。货币从来不会短缺，就像银行在发放贷款时不需要从银行的存款账户里拿钱一样，各国支付公共支出也不会掏空纳税人的口袋。为希腊纾困，德国工人并没有提前买单。这些钱并不是直接从他们的工资中扣除的。事实上，他们很可能会从希腊的经济重启中受益，因为这能增加希腊对德国产品的需求。向希腊政府提供过贷款的银行肯定会从救助计划中受益，因为债务一定会被偿还。

通过欧洲中央银行，欧元试图为私有化的跨国公共货币供给提供超国家的技术支持。这些货币将通过银行贷款渠道流入市场。现在缺少的是一种欧洲层面的货币政策。虽然各国都有严格的跨国经济规则，但银行贷款并没有受到监管，商业利率也不受控制。一些欧盟次要经济体出现了银行业和金融业爆炸式发展。一个重要的例子是爱尔兰，其银行系统的贷款扩张到国内生产总值的8倍。西班牙也出现了基于借贷的房地产繁荣局面。然而，这些事件不能完全归咎于欧元，因为英国和美国的金融业也出现了不受控制的快速增长。

虽然欧元的运作被视为一种纯粹的行政事务，但欧元的构建思路是有其社会和政治意义的。就像前市场社会的传统货币一样，它被设想为一种避免冲突的手段。然而，与前国家社会不同的是，欧元的象征意义并非来自历史习俗，而是在政治目的启发下的有意识的创造。具有讽刺意味的是，在欧元区采取以市场导向的货币供给政策的同时，欧洲计划的目的仍然带有社会属性和政治属性。其背后的逻辑是，被同一种货币联合起来的人们会建立身份认同。正如许多批评者所指出的那样，欧元的应用是建立统一欧洲联邦这一宏大政治计划的一部分。本书中的证据也支持这种逻辑。货币不能纯粹是商业性的，它还必须具有社会属性和公共属性。欧洲中央银行将如何解决这一窘境仍有待观察。

想要同时解决国家监管的需要和债务货币两个问题，加密货币似乎是一个解决方案。

## 消失的魔法师：比特币

一项旨在消除所有公共或银行货币框架的新倡议被提出，旨在创建一种非国家化、去银行化的数字货币。这是一种去中心化、自主编程的加密货币，开风气之先的是于2009年推出的比特币。它是由一个名叫中本聪的人或组织开发的，目前还没有人能确认其身份，而且自2010年年末就再没听到过关于他的任何消息。

比特币从根本上说是一种电子代码，通过编程将可以生成的比特币的总数量限制在2100万个。该货币主要有两个要素：创建新的比特币代码和监控交易。每个"硬币"都有一个独一无二的号码，并存放在电子"钱包"中。除了一个可以用来访问钱包的密钥代码，电子钱包和钱包持有人之间没有任何关联。因此，交易是完全保密的。电子货币在电子钱包之间传递的过程会被记录在公开的交易记录中。这将构建起一个不断增长的庞大数据库，其中包括所有现存的比特币及其所在钱包的信息。据称，这消除了伪造或欺诈的可能性，因为所有的交易都会向整个系统公布。

　　然而程序不会自己运行，需要人类参与者来创建新的比特币（"矿工"），并建立交易监控数据库。后者是一种"区块链"设计。这种设计将成组的交易连接成链，然后将它们保存在一个理论上不可更改的数据块中。每一笔交易在被集结成块并永久记录之前，都会通过区块链网络传播出去。没有人对系统进行监督，但交易处理过程的算力是由"矿工"提供的。矿工通过解决一个复杂的数学问题来申请获得执行一组交易的资格，通常是一组交易为10分钟（大约1000次）。"矿工"是从所有投标人中随机选出的且可以多次重复投标。他们的报酬是比特币。随着系统变得越来越大，"矿工"需要大量的计算机来管理数据库。

　　参与数字货币生成和监控活动需要依靠一定的技术技能和高性能的计算机来驱动。比特币的一个主要缺点是，随着比特币数量和交易量的增加，需要庞大的计算机算力。据估计，记录一笔比特币交易比处理一笔信用卡交易要多耗费5000倍的能量。再加上挖掘新比特币所需的能量，如果所有全球交易都以比特币的方式进行，那么它需要的能量可能比整个地球产生的能量还要多。是否有一种技术解决方案能使区块链方法更具可持续性，还有待观察。

加密货币面临的主要问题是，它能否对公共货币构成真正的挑战。除了人们愿意相信加密货币拥有价值并且（或者）接受使用加密货币进行支付之外，加密货币背后没有任何支撑。在撰写本书时，网络上大约有1500种加密货币，估计总价值约为4000亿美元，其中约三分之一是比特币。加密货币能否满足全球贸易的需求尚且值得怀疑，更不用说满足公共支出的需要了。如果2100万个比特币都被创造出来，每个比特币价值5万美元，那么总共将价值10000亿美元。目前，全球所有硬币和纸币（现金）的总价值可能至少是这个数字的8倍，而如果把所有银行账户里的钱都加起来，还要高出许多倍。

当比特币首次推出时，它们实际上是免费赠送的。当时，生成比特币相对容易，只需花很少的钱就可以购买数千个。但随着时间的推移，比特币的价值也增加了。虽然比特币和类似的加密货币创立之初的目标是创建一种中性货币来支持交易，但它们现在演变成了投资商品。实物版的电子货币也被当作纪念品和投资品出售。2017年，比特币成为投机泡沫。2017年年初，一枚比特币的价值在900美元左右，而到年底这一数字已接近1.8万美元。到2018年8月，比特币的价值降到了其峰值的三分之一。许多中央银行认为这是一个不可持续的泡沫，并发出警告称，比特币不适合作为投资工具。

这种波动性使得比特币作为一种货币几乎毫无用处。正如前面说过的，最有效的货币形式是那些本身没有价值的货币。一美元永远是一美元，它的汇率可能会发生变化，购买力也可能上升或下降，但不太可能发生急剧的变化。根据比特币所经历的价值变化，我们可以看到，投机性的需求也意味着接受比特币作为支付方式充满了不确定性。比特币的购买力可能会急剧上升或下降。每个比特币也不一样。使用区块链模型的加密货币存在的另一个问题是，该系统的复杂性使其运行缓慢，而其他支付方式几乎是即时的。

加密货币的安全性也是一个令人担忧的问题。买卖它们的交易所是一个薄弱环节。2013年，日本东京的比特币交易商Mt Gox交易所价值3.5亿美元的比特币被盗。黑客们还发现了盗取个人钱包密码的方法。另一方面，加密货币的匿名性使其成为非法交易或避税的理想选择。

但加密货币也有一个好处，那就是创建和流通与债务无关。非矿工可以通过接受数字货币支付或购买货币本身的方式来获得加密货币。然而，它们并不具备公共货币的社会及公共利益。根据定义，加密货币拥有一个货币社区——接受并使用它们的人没有社会身份，因为其主要特征之一是匿名。参与者将他们的货币放在基于计算机的钱包中，但没有办法将它们与个人身份联系起来。然而，很多人都对加密货币的潜力充满热情，这使得加密货币成为一个社会焦点。

与银行发行的货币相比，加密货币的好处是与债务无关，要么是挣来的，要么是买来的。然而，由于被认为是一种中立的交换手段，加密货币也缺乏社会或政府背景。据推测，如果加密货币变得更普遍，各国政府就会找到对其征税的方法，但与公共货币不同的是，该体系没有得到各国政府的支持。正如一位广告商在广告中所说的，加密货币是建立在技术和信任之上的。虽然加密货币可能缺乏社会和公共要素，但社会和公共机构对于作为加密货币基础的区块链技术是否可以应用于其他环境很有兴趣。

开发加密货币背后的动机是创建一个匿名的、自主的、没有主管机构的货币空间，而其他创造货币的方法却有着完全相反的目的——建立交互社区。

## 公共的魔力：社会货币

当人们自己创造货币时，采用的是一种完全不同的方式，因为他们创造的是一种与银行和国家都没有关系的货币。这样做的主要动机是缺乏获得公共货币的渠道，或者希望得到某种社会和（或）经济自主权。这些创造的有趣之处在于，可以看到货币的魔力在发挥作用。虽然大多数社会货币都是小规模的，但也展示了货币体系运行的所有要点，以及应该避开的误区。最简单的货币系统形式是保姆圈。

### 一个简单的纸牌戏法：保姆圈

Kate Mc

顾名思义，保姆圈就是一群同意在互惠的基础上互相照看孩子的父母。保姆圈运作的基础是时间交换，通常由代币作为媒介。让这个圈子运转起来最直接的方法，就是让某人把一张纸牌分成价值为一小时或半小时的代币。然后，把它们分发出去——例如，给每个家庭10个代币。

---

在没有代币的情况下，以简单的互惠原则为基础，我们也能组织起这样一个圈子。每个家长都要记录其他父母"欠"了自己什么。然而，误解很容易产生，而且价值转让非常困难（"我今晚不能帮你照顾孩子了，但是上周史蒂夫欠我几天，所以你可以问问他，对他说我想把我在他那儿的权益转让给你。但是这样一来，你将欠我……"）。

使用代币将会简单得多，并且展现了使用统一货币的良好效果。保姆圈是一个简单的社会货币体系。代币的发行是免费的，父母们无须承担"债务"，从而奠定了"交易"的基础。如果最初是把代币借给每个父母，那么这个圈子不会运转起来：在没有任何新的代币进入这个圈子（新成员）的情况下，当代币都被归还给"银行家"时，代币将会枯竭。正是最初代币的非债务性，使保姆圈代币成为一个可持续的体系，其中重要的是有足够数量的代币来表示可能的活动水平。以笔者自己对保姆圈的观察来看，当一个家庭花光代币后，他不会离开圈子，随着新人的到来，流通中代币的数量会逐渐增加。也没有人作弊来自己制造代币，其中重要的是信誉和足够多的保姆。

保姆圈的度量单位是时间。时间一直被认为是货币体系的最佳基础。19世纪的改革者认为用时间衡量人们工作，是一种非常公平的方式。它还被工人用作自我组织的交换媒介。英国合作社运动之父罗伯特·欧文（Robert Owen，1771—1858）在1832年创办了全国公平劳工交换市场。这是一种印刷的，和钞票很像的劳动券，承诺"给持票人的'交换时间'兑现××小时的价值"。

这些想法在实践中都没有实现。但在19世纪，工资较高的工人利用他们挣来的钱建立了自己的消费合作社经济体系。起初，他们用这些钱大量购买面粉等物品。后来，合作社扩大到了食品和其他消费品的合作生产，还包括了银行业在内的各种其他服务。合作社运动没有发行自己的货币，而是通过自己的银行为其扩张提供资金。以同样的方式，房屋抵押贷款协会也成立了，它们为购置可负担的房屋提供贷款，不过通过贷款创造新货币的数量是受到严格监管的。

在20世纪，我们见证了时间货币（time-money idea）理念的复兴。1992年，埃德加·S.卡恩（Edgar S. Cahn）和乔纳森·罗（Jonathan Rowe）共同出版了一本书，书名也把书的内容描述得很明白：《时间美元：一种新货币，能让美国人得以利用时间这一潜在资源促进个人安全和社区重构》（*Time Dollars: The New Currency That Enables Americans to Turn Their Hidden Resource Time Into Personal Security and Community Renewal*）。与19世纪的劳动券提议不同的是，时间货币运动侧重于正规经济之外的工作。它旨在深入人们可以控制的个人和社区生活领域，特别是他们的个人时间中去。"时间货币"原则最成功的应用之一，是纽约州伊萨卡的一种货币——伊萨卡小时币。

## 伊萨卡小时币

这一"货币"创立于1991年，创始人为保罗·格罗佛（Paul Glover）。该项目累计发行了价值超过十万美元的纸币，创造了数百万美元的贸易额。其主要动机是创造一种能够对社会和环境产生积极影响的货币。正如伊萨卡小时币网站所述：

我们选择自己印钞票，是因为我们看着联邦政府的钱流入小镇，并且经过几个人的手之后，被用于购买雨林出产的木材和发动战争。相比之下，伊萨卡小时币会在本地内部流通，将我们聚焦起来，使社区更团结。

一伊萨卡小时币相当于10美元。从房屋维修队到餐馆，几百家企业都接受了这种货币。每年按照名录中记录的给每个人一次性发放"伊萨卡小时币"，从而使这一货币进入市场流通。

---

以时间为基础的货币在日本也曾被广泛使用。最著名的例子之一是亲睦票（Fureai Kippu，又称关怀票），它源自为老年人提供护理服务的人员组成的庞大关系网，成立于1992年。2012年，该网络中有近400家分支机构。护理人员可以积累健康护理积分供自己使用，也可以将积分转让给他人，例如为居住在该国其他地区的亲属"购买"护理服务。虽然有些团体只允许以时间积分的形式"支付"，但有些团体允许用现金支付。

在小规模的保姆圈和大规模的时间美元模型之间，还有一种名叫LETS（本地交易系统）的模式。LETS是一种会员组织，其中的人们会互相交易或互派任务，协调人员的方式是通过组织中心的记录，而不是通过运营任何形式的代币。这一做法对结构起到了限制作用，因为就像在没有代币的情况下运营保姆圈一样，交换关系很快就会变得非常复杂。克服这一困难的更简单的方法就是创造社会货币。

不用官方货币而用另一种替代品，这种现象有很长的历史。当然，类似情况并不总是有益的。"代金券"（一种非官方的货币）曾在实物工资制下被雇主滥用。工人领到的代金券只能在雇主的商店兑现，而这些商店的物价很高。积分卡和航空里程是只能在发卡组织内使用的现代版的代金券。笔者所在的小镇上有一家关门已久的商店，它曾经创造了自己的硬币代币用来找零。然而，大多数代金券的创立不是为了限制支出，而是为了在公共货币供给不足的情况下增加支出。毕竟，在大萧条时期，公共货币供给不足曾是一个非常严重的问题。

## 代金券

沃尔格是奥地利的一个小镇，1932年失业率曾达到了33.3%。市长迈克尔·昂特古根伯格（Michael Unterguggenberger）在当地信用合作社储蓄银行提供的贷款支持下，发行了价值约1万先令的代金券。根据西尔沃·格塞尔（Silvio Gesell，1862—1930）的理论，代金券有延期停用补偿费，即随着时间的推移价值会下降，而为了保持其原始价值，代金券上必须每个月盖章，并收取少量费用。这鼓励了人们迅速消费代金券，从而增加了经济活动。代币发行取得了巨大的成功。重大公共工程得以开展，就业率也上升了。代金券的流通速度比本国货币快得多，失业率下降了25%。这些代金券被用来支付城市雇员的工资及缴税。这个计划非常成功，其他城镇都计划效仿。但这引起了国家的警觉，一年后政府关闭了该项目。美国几个类似的计划也都被政府阻止了，因为政府担心货币体系走向"民主化"而脱离其控制。

当前，大多数由社会创造货币的案例，都不是为了应对本国货币崩溃的状况，而是为了给萎靡不振的地方经济注入活力。社会货币通常被称为补充性货币、平行货币或当地货币，在构造和价值上与国家货币大体相似。然而，它的流通范围通常是局部的。目前，在德国南部的一个富裕地区成功运营着一种代币。

社会货币"基姆高"（chiemgauer）是以巴伐利亚一个地区的名字命名的。不同寻常的是，它的诞生不是因为当地居民对当地经济的担忧，而是从一个帮助学生了解货币运作方式的学校项目发展起来的。该项目于2003年启动，以面值从1到50的纸币为基础，其价值与欧元挂钩。它的发展速度并不快，最初只有130人和一些当地的企业参与，但在几年内就赚取了超过500万欧元的营业额，有600家企业和2500人经常使用它。

它的成功秘诀包含两方面。第一，和沃尔格镇的代金券一样，基姆高有使用时间限制，并且也有机构支持。第二，与大多数社会货币一样，其主要目的是将交易留在本地。基姆高纸币的有效期只有3个月，这鼓励人们尽快使用它们。它们最多可以延期7次，每次需缴纳面值的2%来支付盖戳费用。据此，基姆高的流通速度是欧元的两倍多。

基姆高货币体系的运行费用来自企业加入时一次性支付的100欧元注册费，以及根据营业额按月收取5至10欧元的费用。作为回报，企业会被列入目录，并登记在基姆高的网站上，各种地方机构和银行也会为加入基姆高的当地企业提供无息贷款。基姆高纸币可以兑换欧元，但要缴纳5%的手续费。基姆高组织将60%的收入捐给了当地的慈善机构和非营利组织。所有交易额的3%也被用于慈善。不过，尽管该项目取得了很大的成功，但也只占该地区经济总量的0.2%。

像沃尔格代金券一样，基姆高获得了当地信贷组织和合作银行等机构的支持，这使得发行转移基姆高的借记卡成为可能。当地银行也愿意为基姆高兑换欧元提供便利。基姆高等地区货币在德国也得到了政治上的支持，有50多个计划正在运行或开发中。对沃尔格来说，其成功的一个重要方面是参与了地方政府的支出和税收。在这两个方面，英国都没有支持性环境。因为缺少制度支持，英国的地区性货币都发展得不太成功。

## 货币的社会属性和公共属性

从三个无政府货币的例子中我们可以发现，它们都有各自的缺陷。欧元已经察觉到，创建一个完全出于商业目的的货币体系是不可行的。面对危机，欧洲中央银行也从最初的不情愿，转变成不得不表现的像一个国家的中央银行。未来，它也不可能再回归它原来的中立定位。其主要缺点是，公共货币供给在银行体系中无法得到保障。欧元区将面对这样一个事实：货币不仅需要行政框架，也需要政治框架。然而，这不仅需要制定行政法规，还需要制定货币政策来解决如下问题：欧洲中央银行该如何回应未来的支持请求？它在支持欧元区国家和经济体方面应该表现得多积极？

比特币遇到的问题展示了科技型货币的局限性。很难想象一个群龙无首的计算机生成系统可以成为一种通用货币。加密货币最主要的弱点是它的波动性。正如前面所论证的，最有效的货币形式是自身没有价值的货币，而且肯定不能是那种自身价值会发生巨大变化的货币。比特币使现代货币的问题变得更加复杂。现在人们已经清楚地认识到，除了人们在货币流通时接受它们作为媒介，公共货币背后没有任何支持。比特币本身的市场价值除了人们购买和出售比特币的意愿外，也没有任何其他支持。约翰·劳的纸币至少还是基于法国及其殖民地的生产力。作为一种投机资产，比特币只建立在计算机代码之上。

　　社会货币，更符合将货币视为一种社会现象的理念。它并不自诩是为了商业目的。与比特币那样的投机资产不同，许多社会货币在发行时就已经设定使用期限，它会随着时间的推移而失去价值。然而，社会货币项目并没有在短时间内取代公共货币的可能。而在沃尔格镇，当地代金券之所以对本国货币构成了真正挑战，是因为它在很大程度上是作为一种公共货币来运营的。地方议会雇员的工资是用代金券支付的，而且可以用来交税。实际上，不与整个社会经济挂钩的社交货币仍然可以产生积极的影响。它们能做的是鼓励更多的地方性或特定的经济活动，比如老年护理服务。

　　从这些创立货币体系的实验中可以得出以下结论：货币不可能只是行政性和技术性的，也不可能只具有社会属性。公共货币必须具有公共属性。未来的发展道路既不是否定货币的公共属性，也不是否认创造公共货币的主权权力，而是应该使这种权力民主化。最后一章将讨论这个问题。

# 第七章

## 打破魔咒：货币民主化

CHAPTER 7

在本书一开头笔者就曾提到，货币似乎有某种魔力。就像魔法师施展的魔术一样，一块桌布下面似乎有什么东西自己在动，货币似乎也是在没有外力影响的情况下流通的。然而，当魔法师抖动桌布时，那里什么也没有。同样，当对货币进行仔细研究时，它似乎就消失得无影无踪了。现代的法定货币尤其如此，它是虚无缥缈的。全球银行账户中有数万亿美元、英镑、欧元和其他货币以数字形式存在着。货币体系中没有任何东西"支持"着这些数字。不存在更高级的或"真正的"货币形式。这种法定货币真的是像魔法师的魔术一样的花招吗？

## 货币是魔法吗

答案必然是否定的。除非我们相信传说。既然如此，为什么货币给人的感觉和发挥作用的方式都那么像魔法呢？主要原因是货币的本质难以捉摸，像魔法一样，很难看出它是如何产生的。这并不是说真的有一个魔法师在变魔术。就像在《绿野仙踪》中一样，幕布后面并没有什么操纵者。如果有的话，他们早就被发现了。否则，在人类社会出现的时候就应该有这样一群魔法师，因为所有已知的早期社会似乎都有类似于货币的事物。所有社会也都需要某种有形或无形的工具作为价值尺度，并且需要一些机制来转移这种价值。

笔者已经强调过，这种货币作为价值尺度所测量的结果是相对的而不是绝对的。货币不能定义价值：雅浦石价值几何，乐乐布又价值几何？它能说明的是，针对一种特定的伤害进行赔偿或支付嫁妆时，这块石头可以，而那块石头不可以，或者说50幅布没有100幅布价值高。

货币之所以看似神奇，部分原因在于传统的和历史上的货币形式本身就十分迷人，如金、银、石头、贝壳。更加神奇之处在于，货币在现代经济中的非物质性。无论是个人护理，还是大规模基础设施项目建设，对一种以纸张、贱金属或电子债券为代表的名义货币（英镑、美元、欧元）的信任，就能让商品和服务供应得以满足。货币也确实充满了魔力：它能迷惑使用者，让他们不考虑货币的形式和材料就毫不怀疑地接受。有许多谚语都在强调货币的力量，如金钱是生活之本、有钱能使鬼推磨、没钱寸步难行，等等。

然而，货币并不是魔法，它是人类社会中普遍存在的社会制度。无论使用何种形式的货币作为衡量工具，都是由市场价格决定经济价值，由社会习俗或个人选择决定社会价值（该送多贵重的礼物，该承担怎样的伤害赔偿），由政治优先级和公共政策（支出、费用、罚款或税收水平）决定公共价值。那些接受并承认共同的衡量标准，并相信其价值代表了转让时将得到尊重的人，就成了货币共同体中的一分子。人们相信用这些贝壳、硬币或银行账户数字偿还债务时对方会接受，也相信它们可以作为合适的礼物或者在商店里消费。

　　货币的力量在于其本身具有象征意义。货币的形式并不重要，重要的是它在使用时得到普遍承认。传统货币各不相同的形式以及在第二章中讨论的在大规模生产货币后失去信誉的事实充分说明了这一点。这些货币得到人们承认，并不是因为其本身是某种石头或贝壳，而是当地社区对这些东西的解释说明。重要的是其承载着历史和象征意义，这些不是通过创造看似相同的石头或贝壳就可以复制的。同样，硬币不仅仅是金属块，还象征着统治权。尽管货币的材质变得越来越普通，但其在外形上常常受到传统货币形式的影响。例如，早期中国的纸币是用桑树皮为原材料制成的，其中央图案是一串串的铜钱。

　　现代的法定货币也具有同样的象征意义。欧元纸币是形式最为简单的货币，它只是一张带有数字的纸，没有做出任何承诺，也没有限定使用条件。然而，它并不是一张普通的纸，而是被数百万人认可和使用的，同时也是人们确定自己权利和义务的媒介：我的劳动值多少钱，我应该缴多少税，那顶帽子值多少钱。然而，货币并不是一种没有源头的媒介，也不会自发的流通。货币是由人类创造、流通和分配的。它不是凭空而来的，而是有着自己的来处。人们会根据货币衡量出的价值进行评价：明星球员的薪酬很高，尤其是在英国；而护理工作则基本上是无薪的或低薪的。

本书讨论的关键问题之一就是法定货币是如何产生的。已知不存在什么钱矿或摇钱树，但新钞票和银行账户上的新数字都是有来源的。经过研究，笔者确定它们源于银行贷款和政府支出。两者都对我们的生活方式有着重要影响。为了能够对这些问题进行批判性研究，首先必须打破传说思维的魔咒。

## 谬论与传说

否认传统货币市场起源观的传说，是本书的核心目标之一。第一章以传说故事的形式阐述了这种货币起源模型的关键思想。虽然有些描述是真实的，但有两个传说对关于货币的主流理论和政策产生了重大影响。这两个传说是货币起源于以物易物为基础的市场经济和这种货币的原始形式是贵金属铸币。这两种观点都是错误的，因为在以货币为基础的市场发展之前，没有证据表明曾广泛存在易货贸易，而贵金属铸币出现的时间远远早于存在市场交易的经济体。除了贵金属铸币外，还有许多其他形式的货币。

　　将货币视为市场体系的副产品，忽略了货币的一项主要职能——促成高效的价值交换。这种思想将货币视为一种反映经济基础的纯粹的技术工具。理想的货币是一种能准确反映商品和服务交换价值的货币，要么是由本身就有价值的东西如金或银制成，要么是在总量上被限制在能满足市场活动所需的最低限度。货币起源于贵金属的想法导致了一种假设——货币是稀有的和有价值的东西。尽管现代货币两者都不是，但人们仍然认为货币供给是有限的。此外，人们认为，公司要为争夺资金而斗争。国家支出应该受到谴责，因为这减少了市场投资的资金数量。货币被认为是零和的，你的福利金就源自我的税金。正如之前论证过的，这使社会冲突成为现代货币供给的核心问题。

　　货币起源于市场的观点还导致了另一个假设——市场是货币财富的唯一来源。这完全忽略了货币史上的统治者和精英阶层长期控制货币发行的史实。正如第三章中所述，早期的贵金属铸币是被统治者垄断的，主要用于军事或外交方面。统治者采用贵金属货币的缺点是需要保持贵金属的持续供应。出于这个原因，统治者也尝试使用其他形式的货币，如纸币、贱金属或计数棒。

　　与货币起源于贵金属的历史观完全不同，早期国家发展出了多种货币形式。正如第三章所讨论的，货币的国家理论关注的不是市场，而是国家权力在货币流通中的作用，特别是税收的权力。无论国家在支出时采用何种形式的货币，人们都必须用此种货币来纳税。人们可以通过向国家或有能力缴税的人提供劳力或商品的方式来纳税。在第二章中，我们特别提到殖民列强是如何通过要求用殖民地货币纳税来剥削殖民地劳工的。

贵金属货币最重要的特点是它不是价值转移的象征或符号，它转移价值凭借的是其自身作为商品的价值。前面已经说明，这是它作为一种货币用处不大的原因。人们缺乏将其转移出去的意愿，并且还必须得利用另一种标准来确定这种金属的价值。正如我们在金本位制度的案例中看到的，纸币等同于多少黄金是由国家而不是市场决定的。

这种传说还忽略了非市场社会、非国家社会中货币的社会起源史。货币并不起源于市场交易，而是有各种不同的形式，被用于各种各样的目的。它以礼物和贡品的形式巩固了社会关系；它出现在人生的各个阶段：出生、青春期、结婚、死亡；它是让人们能够加入一些文化团体的"入门费"，比如秘密社团；它可以作为伤害赔偿金以维持社会凝聚力，还可以作为避免群体间冲突的和平礼物。

从这种更宽广的角度来看，货币不应该被视为市场中使用的被动的技术工具，它其实是人类社会中在社会和历史共同作用下主动形成的。货币不仅局限于市场功能，在社会、政治和经济等一系列环境中，货币还被用于确定相对价值。

## 揭开幕布

在本书中，笔者对货币的基本定义是，它是一种使价值代表得以转移的价值尺度。笔者认为，当货币本身没有价值，只是一个数字标尺（英镑、美元、欧元）时，它在履行其职责时是最有效的。现代法定货币就是这样，它没有任何内在价值，除了人们愿意承认它所代表的相对价值之外，它背后没有任何支持。

因此，货币本质上是具有社会属性的，并且依赖于货币当局。在第五章北岩银行陷入危机的案例中，无论是该银行的行长，还是中央银行行长，都无法阻止挤兑的发生。只有当国家财政大臣以政府名义做出承诺，愿意为银行担保后，人们才离开了银行。

因此，货币本质上也具有政治性。货币的社会和政治承诺都比其经济作用重要。在前一章中，欧元和加密货币的情况都是如此。为稳定银行体系，欧洲中央银行无法避免与各国直接合作；而当加密货币已成为投机性大宗商品时，几乎无法再作为货币使用。

通过承认和兑现某一种特定的名义货币，用户会形成一个货币社区。这一社区可能会与其他社会群体重叠，也可能不会。使用代币的保姆圈是一个联系紧密的货币社区。同样，大多数国家都有自己的货币。欧元区则是一个地理概念。更松散的网络除了兑付某种特定货币外没有其他共同特征，比如用美元交易的全球网络。然而，它们都有同样的制度结构，都认可对名义价值的衡量和比较方法，以及公认的和得到授权的转移该价值的方式。

## 神奇的摇钱树真的不存在吗

我把现代的法定货币描述为一种无中生有的东西。但它和社会制度一样，有自己的一套体系，以某种方式，将"无"变成了"有"。这看起来很像魔法。谁或什么东西有能力凭空变出某种东西？当然不是你和我。如果你我这样的人去制造纸币或硬币，或者在自家后院建立银行，很快就会被逮捕，并被指控犯了伪造货币罪和欺诈罪。货币不仅是一种社会制度，它还是一种公共制度。正如笔者多次强调的，货币的形式并不重要，重要的是它的象征意义。

对大多数人来说，货币只有一种形式——公共货币。当英国首相说没有摇钱树时，她的意思是没有新的政府公共资金来源。她错了。政府公共资金的来源（至少）有两个：银行和国家。

## 银行放贷时会创造货币

传说故事的影响需要很长时间才会消失，直到21世纪的第二个十年，银行仅仅是储蓄者和借款者之间的纽带的传说才最终被否认。当时，美联储、英国中央银行和国际货币基金组织等主要货币机构承认，银行发放贷款时正在创造新的公共货币。但关于公共货币凭空产生，并纯粹出于商业目的借给借款人的问题，其政策影响仍未得到深思。

我们在第四章已经看到了银行创造新公共货币的方式，它们并不铸造硬币或印刷公共货币（除非得到中央银行的许可），而是通过在银行账户中设置新的账目，以公共货币发放贷款。正如前文指出的，在这个过程中，其他储户银行账户上的数字并没有减少。因此，银行在发放贷款时是凭空造钱。但这样的操作并不只是创造了一些新货币而已，因为当银行发放贷款时，是将新的公共货币投入了流通环节。传统的银行理论试图这样解释，这不是真正的公共货币，它只是"信贷"货币。这种幻觉在2007—2008年的经济危机中破灭了，当时一些政府不得不为所有银行账户提供担保。随着交易越来越去现金化，银行转账和其他形式的转账显然和任何其他形式的货币一样真实。在人们眼里，银行账户转账与现金支付并没有区别。

正如在第四章中讨论过的，银行贷款实际上将创造公共货币供给的权力私有化了。每产生一笔新贷款，就会产生新的公共货币。公共货币是一个承诺网络，当这些承诺被拿出来时，所有人都会承认它们承载的价值。除了人们的承认之外，没有什么能把这些承诺维系在一起。

银行创造的货币有其独特之处，即它们是通过债务发行和流通的。银行创造的货币的流通是一个循环。

银行贷款

偿还本利

银行货币循环

钱由银行借给借款人，并由借款人连本带利归还。贷款为经济注入了新的资金，而偿还贷款使货币不再流通。请注意，下面的箭头比上面的箭头大。银行从经济中转移的资金可能会比它们放贷的钱还要多。这是因为贷款是收取利息的。只要流通顺畅，最好是流通规模随着贷款的增加不断扩大，贷款被连本带利归还就不会出现问题。然而，如果贷款量保持稳定，没有其他的资金来源，那么支付利息的资金从哪里来就成了问题。更重要的是，如果没有新的借款人，随着旧贷款被偿还，货币供给量将迅速减少。因此，债务不是保障货币供给的好方法。正如经济危机中暴露出来的情况，当贷款枯竭时，公共货币的供应也会枯竭。

从经济角度讲，如果政府、企业和公民无力再举债，那么以借贷为基础的货币供给就会面临危机。正如第四章所讨论的，基于债务的货币供给也会带来社会问题，因为它有利于富人而不是穷人。贷款的主要准则是贷款事项可行且借款人信誉良好。穷人在这两方面都不太可能达到银行标准。因此，贷款必然流向比较富裕的人。无论是在经济方面还是在生态环境方面，通过举债创造货币都不可能维持可持续的增长。

此外，民主也受到了挑战：银行有什么权力把公共货币变成债务？银行在凭空创造货币时，是在对谁负责？谁是这项慷慨制度的受益者？银行贷款是否应继续被视为私营部门的事务？在银行行使主权权力创造货币的同时，它们是否应被视为国家的一个分支机构，并接受民主审查？银行应该被国有化还是被社会化？它们通过债务创造货币的权力应该被收回吗？如果银行再次陷入危机，政府还应该再次救助吗？

如果银行在公共货币供给方面的作用得到了承认，那么所有这些问题（以及更多问题）都是有意义的。信贷在资本主义（在这种情况下，银行贷款发挥着关键作用）中的核心地位和对公共货币供给的控制已经融合在一起了。我们在第五章看到，银行贷款"杠杆"刺激了金融市场。银行为投机性赌博、并购和收购提供了资金，这会让目标公司背负债务。从房产抵押贷款、学生贷款到消费贷款，借贷已经成为现代经济中的一种生活方式。大多数商业交易中都会涉及银行贷款。货币供给流入投机性债务的过程并不是什么人精心策划的，但其后果令人深感不安。众多现代经济体深陷债务泥潭，但在新自由主义手袋经济学的魔咒下，它们忽视甚至嘲笑非债务性货币的唯一来源——国家。

## 各国在花钱时就是在创造货币

在大多数经济体中，只有国家拥有创造和流通货币的官方权力。然而，根据前文中所讲的传说故事，货币是由市场创造的，国家在货币创造中的作用很大程度上被忽视了。正如前面提到的，根据新自由主义思潮，应该阻止国家创造货币，因为这被认为对市场有害，尤其是会导致通货膨胀。

认为货币源于市场的人会说，国家在不断地掠夺"财富创造者"，偷走"纳税人的钱"，而不是把它留在（他们的）口袋里。政府花的每一分钱都被视为市场的负担。尽管有新自由主义思潮的主张和限制，国家还是会用两种方式"印钱"。第一种方式，货币是在中央银行为银行业的造钱活动提供现金和支持时凭空产生的，这在量化宽松的过程中就可以看得很清楚。

第二种方式，货币是在政府消费时被创造出来的，就像银行在放贷时创造货币一样。当银行放贷时，它们会增加总货币供给量；当债务被偿还后，货币供给总量会减少。国家花钱，然后用税收和其他政府收入冲抵这些支出。与银行贷款一样，国家制定和分配预算是一种货币创造行为。公共支出增加了货币供给，而税收使货币退出流通。就像银行发放贷款和借款人还款一样，公共支出和税收也形成了一个闭环。

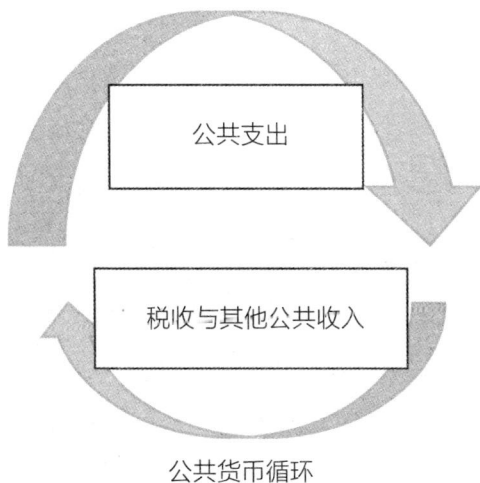

公共支出

税收与其他公共收入

公共货币循环

这一循环如何运作以及驱动因素是什么，取决于人们看待它的角度。货币总是在持续地流入和流出。如果把税收视为推动力，那么就可以假定公共支出取决于税收。如果将公共支出视为推动力，能否获得公共资金就成为纳税能力的先决条件。

有几个因素表明，政府支出比税收更重要。首先是赤字的存在。如果支出取决于税收收入，只花"罐子"里的钱，就不可能出现"赤字"。有很大一部分税收直接或间接来自公共部门里的个人和组织。除非先从公共预算中支付，否则他们根本没钱纳税。划拨给公共部门的所有资金都来自私营部门也不现实。公共经济的规模太大了，不可能像新自由主义者宣称的那样，完全由"创造财富"的部门提供资金。1995年，德国的年度公共支出接近国内生产总值的60%，而在两次世界大战期间，英国的年度公共支出超过了国内生产总值的70%。即使美国的公共支出比例相对较低，在2007—2008年经济危机之后也达到了国内生产总值的45%。

各国政府在花钱之前，不会先去检查它们的税收账户。只有在支出发生之后，才能弄清公共支出和公共收入之间的差额。接下来的政治选择是如何处理"赤字"，即支出超过收入的部分，如前面图中较大的箭头所示。额外的钱可以任由其在经济中流动（如果没有通胀压力的话），这可以被视为国家银行长期"透支"的状态。弥合这一差距可以通过增加税收的方式，也可以通过向金融部门借款解决，但借款会增加国家债务。解决赤字的方式是一种政治选择，反映了人们对货币的看法。如果所有的货币都被视为来自私营部门，根据手袋经济学，政府支出已经超出了限额，必须归还。但如果政府被视为独立的货币创造者，那么市场就不是政府的天然债主。

重要的是，国家拥有创造非债务货币的主权权力。与银行贷款一样，这种权力常会遭到滥用，但我们并不能以此为由否认它的存在。如果说银行借出的钱和国家支出的钱都是无中生有的新数字，那么就产生了一个根本性问题：创造货币的权力分配和使用方式是由谁决定的？

## 人民的货币

在现代经济中，货币是必不可少的，因为几乎所有的生活必需品都是需要购买的。对于大多数人来说，获得金钱的主要途径是工作收入或某种形式的福利。借钱可以增加当前可用的资金，但需要用未来的收入偿还。依靠工作收入赚钱，缺点是工作可能是剥削性的、危险的、不稳定的、令人不快的、可有可无的或不称心的。那些依赖福利金的人则经常遭到鄙视，被说成是懒惰的乞丐。"基本收入"是解决这两个问题的好办法。它可以使人们摆脱痛苦工作的困境，而且由于它是为每个人提供的，因此不带有任何污名。然而，除了避免不愉快和不必要的工作及社会羞辱，实行"基本收入"制度还解决了一个基本问题，那就是人的生存权。

基本收入代表了社会中所有成员无条件分享社会利益的权利。这一理念可以追溯到很久以前。罗马人有一种把面包分发给公民的"救济金"。托马斯·莫尔（Thomas More，1478—1535）在他的著作《乌托邦》（Utopia）中提倡以"最低收入"来解决猖獗的盗窃行为和对小偷严厉惩罚，甚至处死的问题。如果偷窃只是因为没有其他途径来获得食物，那么供养他们比绞死他们要合理和理智得多。

托马斯·潘恩（Thomas Paine，1737—1809）给出了普遍支付的道德和政治理由，他认为地球是所有人的共同财产，每个人都应该得到属于自己的那一份。潘恩认为，土地私有制意味着人类作为一个整体失去了获得自己份额的机会。因此，地主应该向其他人支付地租以弥补这一损失。这些钱应该被放入一个基金中，在每个人年满21岁时给予一次性资助。在1796年，他建议的资助额是15英镑。同时，潘恩还提出了基本收入的想法，要求为50岁以上的人每年提供10英镑。

在接下来的200年里，类似的提议曾反复出现，即所有公民都有权分享土地和人力的产出。社会红利、国家红利、社会信用等概念都体现了土地和资源共有的理念。然而，与福利国家发展过程中附带条件的支付不同，这种全体福利的想法并没有取得多大进展。以先期缴款后支付和以需要为基础的福利支付为基础的国家保险体系，也阻碍了普遍福利理念的推广。在美国阿拉斯加，一个为公民发放红利的例子与潘恩的共同财产理念不谋而合。1976年，当地用出售阿拉斯加的自然资源（主要是石油）获得的收入建立了一个永久性基金。该基金每年向符合资格的居民支付红利。最高的一次分红是在2008年，超过了2000美元。

还有一种与普遍支付完全不同的论点，它并非来自像潘恩这样激进的思想家，而是来自新古典经济学和市场逻辑。正如我们所见，基于债务的货币问题在于，当借款人和投资者持乐观态度时，货币供给会迅速增加，但如果信心开始减少，货币供给可能会急剧下降。接下来，就需要公共资金冲在前面。这给自由市场经济学家带来了双重问题。

第一个问题是，由于自由市场主义者认为所有的资金都来自市场，国家支出的增加必然意味着国家债务的增加，而这些债务最终必须通过税收来偿还。第二个问题是，政府必须就如何使用或分配这些资金做出决定。这干扰了市场的"自由"运作。经济学家米尔顿·弗里德曼（Milton Friedman）为这一困境提出了解决方案，即将这些钱以"直升机撒钱"的方式普遍发放。为应对2007—2008年经济危机产生的影响，中国香港地区曾采取过类似的措施。2012年，中国香港特区政府给所有成年市民每人一次性发放了6000港元。2009年，澳大利亚曾发放了一系列一次性津贴和补助，包括给单一收入家庭发放900澳元的补贴。美国布什政府则通过一次性退税来应对危机。

"公民收入"可以被看作最直接的经济民主形式，它把财政决策权交到了人民手中。不过，这并不一定意味着人们会像一些改革者所希望的那样，采取减少消费、增加收入的生活方式。发出去的钱只会慢慢消失。在这种情况下，该如何维持公共服务和基础设施建设，目前还不清楚。此外，实施这一想法，还有其他限制：发放的金额可能不足以对人们的生活产生实质性改变，也不足以解决不平等的问题。从手袋经济学的角度来看，基本收入必须来自有限的公共支出资金池。这意味着，全民支付不是建立在创造新的公共资金的基础上，而是要将现有的福利资金打包变成全民支付的资金。这样一来，结果很可能是那些最需要帮助的人收入最终反而减少了。进一步的问题是资格问题：谁算是公民？

在解决贫困问题和帮助社区发展方面，最近出现了一种更有针对性的资金分配方式。自20世纪70年代中期以来，人们设法通过促进当地企业发展使贫穷社区融入市场，从而解决贫困问题。按照市场思维，货币是通过小额信贷以债务形式发放的。这一方法的基础，可以参考穆罕默德·尤努斯（Mohammad Yunus）在孟加拉国令人鼓舞的经验。1976年，他将一小笔钱借给了当地妇女。创业精神的魔力似乎开始发挥作用：债务违约很少出现，借款人也富裕起来。在所有由借贷带来的繁荣中，第一批借款人表现良好，但随着时间的推移，社区变得负债过重。贷款利率往往很高，因为其中包含了行政和培训费用。

到21世纪初，巴西、墨西哥、印度尼西亚和南非等国开始向贫困社区直接提供现金帮助。越来越多的证据表明，在消除贫困方面，发放非债务性补贴比小额信贷更有效。但是，为了取得成效，必须让人们看到钱的分配是公平的、定期的且有保证的，并且数额要足以改善人们的生活，并得到良好的管理。正如专门从事国际援助、发展政策与实践研究的社会学家约瑟夫·汉隆（Joseph Hanlon）等人总结的，"想要减少贫困和促进发展，只要把钱给穷人就行了"。

芬兰、西班牙和加拿大也进行了发放基本收入的试验。芬兰的实验于2017年1月启动。两年多来，实验向2000名年龄在25岁至58岁的失业者提供每月560欧元的收入（相当于475英镑），即使他们找到了工作也仍然能领到这笔钱。如果实验成功的话，政府还打算把实验对象扩展到有工作的人身上。然而，两年后，政府停止了对该项目的资助，而是立法让失业者接受一些工作或培训。

基本收入这一建议的主要问题在于，它们可能赋予了个人权力，但却没有解决货币政治这一牵涉更广的问题。

### 开放的辩论

需要承认的是，我们对货币的理解起点很低。在第一阶段，我们必须意识到国家和银行在货币创造和流通中的作用。货币不能再继续被视为银行与其客户之间的私事。正如经济危机后的纾困行动所揭示的，公共货币安全是一项公共责任。

公共货币应该被视为一种公共资源，这决定了由谁以及如何控制它。没有银行贷款，市场就不可能存在，但需要承认的是贷款过程创造了新的货币。国家创造货币的能力也需要得到承认，同时也需要承认国家创造货币必须依赖于"借款"或"征税"是一种假象。借贷和征税都是从经济中收回货币的方式。政府借款经常被委婉地描述为"冲销公共支出"，也就是说，通过政府债务将相当于政府支出的资金从经济中抽走。接下来的问题是：富人是否应该通过税收把更多的钱返还给国家，而不是通过购买国家债务来投资？

在创造货币供给方面，各个政党都需要就国家角色和银行角色的平衡问题提出自己的建议。银行需要对它们被赋予的货币创造权公开负责。对于银行的所有权以及银行是否应被视为公共事业，也需要展开辩论。

## 人民的预算

笔者认为，公共预算是一种创造货币的行为。公共开支没有"自然的"资金限制。"资金从何而来？"是个无关紧要的问题，因为钱是可以凭空产生的。这并不是说政府的能力是无限的，而是说这些限制不是货币造成的。劳动力和资源不足就是明显的例子。

在大多数社会中，都有未满足的社会和公共需求。这些可以通过公民和用户—生产者论坛加以厘清。在某些领域，人们也会希望政府能减少支出。这些投入都需要并入地方和国家预算中。由于这是一个复杂的过程，资金分配和预算周期至少要在五年以上，其间只能做微调。这种制度导致的直接结果，无疑是公共支出需求的大幅增加。因为这是一个渐变的过程，还需要评估资源和劳动力的情况，在数年内逐步增加。

保持预算决策的参与性和透明度，将会防止其受到特定集团或机构的支配。制定长期预算意味着政府不能在其任期内大幅修改拟定的货币创造量。

虽然用于公共支出的资金并不会出现短缺的情况，但发行过多货币也会导致问题出现。高水平的公共支出可能会产生超出实际需要（尤其是在市场部门）的资金流，从而导致通货膨胀。税收和国家其他收入并不能筹集够支出的资金，它只是在回收已经支出的资金。税收的作用是消除社会上多余的钱。如果市场部门出现疲软，更高的公共支出不一定意味着高税收。然而，如果市场部门由于通胀压力而出现过热现象，那么就有理由征收比公共支出更多的税。

除此之外，重要的是要认识到通胀压力不仅影响面包的价格，还会造成高管薪酬过高、股市飞涨以及热衷投机性交易的金融市场过热。全球衍生品交易（实际上是赌博）的规模，达到了商品和服务生产总值规模的数倍。近年来，一些国家的银行贷款和政府支出产生的大部分货币流向了金融业和高科技公司，这使得收回这些货币变得更加困难。其中的危险在于，税收压力将落在公共和私营部门雇员等更不容易避税的群体身上。善于避税的大型投机企业与其说是经济的主要贡献者，不如说是公共资金的资源掠夺者。

计算公共支出对（所有部门）总货币供给的影响需要有专业知识，这与当前的情况没有什么不同。货币政策专家的目标是避免通货膨胀和其他压力。为此，他们需要进行一项评估，以确定某一特定水平的公共支出，需要通过征税和其他政府收费来收回多少货币。货币评估人员对于公共支出和税收额度没有决定权。关于国家支出与税收之间的平衡，有一种与手袋经济学截然不同的观点。新自由主义者希望通过减少公共支出来"平衡"税收收入。这里所说的平衡是公共支出和经济总量之间的平衡，税收是实现这种平衡的一种手段。

民主参与的最后一个焦点是公共支出的效率和效能。公民、工人和用户团体要对公共支出进行定期监督。所有直接或间接获得公共资金的公共和私人组织，都需要有明确的民主问责机制和透明度。这里提出的货币民主化是指，主权公民自己通过充满活力的公共经济向自己的服务支付费用，然后通过税收将这些钱返还给自己。

巴西阿雷格里港的经验证明了参与式预算编制制度是可行的。这一倡议是由巴西工人党提出的。1989年，参与式预算制度颁布，由基层公民议会决定公共支出的优先次序。议会随后选出预算代表，将这些建议提交给更高级别的决策机构。从那时起，全球各地已经有探索或建立了2000多个参与性预算的案例。

## 货币：另一个故事

本书中关于货币的故事始于史前时代。我们不知道人类社会是什么时候开始对价值进行衡量的，也不知道人类社会是从什么时候开始用物品或概念来象征价值，从而可以对其进行比较的。

从那些研究人类学证据的专家那里，我们了解到这种象征结构广泛存在。由于这些社会没有国家和市场，它们衡量和转移价值的象征性手段不是由统治者决定的，也未曾在类似市场交易的活动中广泛使用。货币的形式和使用方法都是基于风俗习惯的，但这并不意味着随着时间的推移不会发生变化，主要是没有来自外界的指导。货币是一种社会结构，其演变过程是一个社会过程。

货币的普遍性和古老历史表明它是最重要的社会制度之一。就像文化和宗教一样，它显然满足了人类或人类社会的某些需求。就货币而言，这并不意味着它产生的主要原因是经济驱动力。通过我在第二章中对人类学文献的解读可以看出，传统形式的货币很少用于类似市场交换的活动。货币似乎主要用于缓和社会关系和避免冲突。

货币的发行和流通是随着国家的发展而出现的。一些早期国家完全按照表面意思使用一个符号来表示价值，比如用农作物或动物的图像及象形文字来表示。它们还开始尝试将货币的形式与一种特定的产品联系起来，比如大麦的重量。在国家和市场发展的漫长历史中，货币出现了许多不同的形式，从贝壳到棍棒等。但对欧洲来说，贵金属铸币的发明是一个里程碑。

贵金属铸币似乎解决了货币象征意义的问题。它不仅是一种价值尺度（有众多不同价值的硬币），还体现了这种价值。然而，确定和维持铸币的特定价值被证明是很困难的。而且和古代社会一样，无论是什么形式的贵金属货币，其并非主要用于市场活动。那是一个统治者、贵族精英和军阀统治的时代，大量货币被用于战争、建立防御结构和外交。贸易通常需要得到当地统治者的许可。

第一章传说故事中的世界——一个屠夫、面包师、烛台匠可以用硬币自由交易的世界，是最近才出现的。这些硬币肯定不会是由贵金属制成的，因为贵金属在日常交易中会因太过贵重而没有用处。本地市场使用贱金属硬币、计数棒，或者更可能的是"标签"（在条件允许时结算的流水账户）。在第四章我们看到，随着市场交换的发展，经济结构渐渐摆脱了统治者统治和封建生产模式，交易者的活动为商业金融结构和现代银行的发展奠定了基础，新的会计方法和转移方式也随之发展起来。

对于传说中的世界来说，新自由主义是它发展的顶点。市场作为一切经济价值和衡量这种价值手段（货币）的源泉，地位是至高无上的。然而，正如我们在第五章中所看到的，货币不再是衡量价值的尺度，它本身又一次具有了价值。市场的目的不再是为人民提供商品和服务，而是积累货币。从新自由主义的角度来看，两者是一回事。积累货币就意味着创造了有用的经济价值。

　　二十年前，当笔者开始研究货币时，脑子里并没有这个模型。笔者只是想知道"货币的起源是哪里？"这应该说是一种拒绝进步的思维方式。但这个问题引出了另一个问题："货币到底是什么？"就像所有激进的批判者一样，为回答这个问题，在接下来的研究过程中，我对现有的货币起源观提出了质疑，并根据现有的证据对它们进行了探索。

　　在此过程中，笔者发现货币的历史有三条脉络，对手袋经济学及其市场原教旨主义[①]的思想产生了质疑。这跟马克思阐述的经济史也不同，笔者不认为它们三者是相互超越的。它们仍然与我们同在。在非市场环境下，货币仍然被用作礼物、施舍品、会费、补偿金、资助金。创造货币的主权权力也依然与我们同在。国家在花钱时就是在不断创造货币，在征税时又把货币收回来。同样，银行放贷时也是在创造货币。

　　我想做的是打破魔咒——让货币摆脱魔法的控制。事实上，货币根本不是凭空而来的，这不是魔法师的把戏，我们需要解放思想。怎么能被无中生有的谬论束缚呢？当有人问"货币的起源是哪里？"可以回答说它不需要有来处。货币是

---

[①] 指市场可以自动恢复平衡，不需政府以任何方式进行干预。——编者注

一种至关重要的社会制度，不是魔法，而是由人类行为驱动的一种真正的社会原动力。货币不是一个物品，而是一个承诺和责任的网络，履行这些承诺和责任是网络的底线，根本问题是谁在以谁的名义做出这些承诺并承担这些责任。

# 参考文献

Desan, Christine (2014) *Making Money: Coin, Currency and the Coming of Capitalism*, Oxford University Press, Oxford.

Goetzmann, William N. (2016) *Money Changes Everything,* Princeton University Press, Princeton NJ.

Greenspan, Alan (2008) The *Age of Turbulence*, Penguin, London.

Hanlon, Joseph, Armando Barrientos and David Hulme (2010) *Just Give Money to the Poor: The Development Revolution from the Global South*, Kumerian Press, Sterling VA.

Herndon, Thomas, Michael Ash and Robert Pollin (2014) 'Does High Public Debt Consistently Stifle Economic Growth? A Critique of Reinhart and Rogoff', *Cambridge Journal of Economics* 38 (2), pp 257–279.

Knapp, G.F. (1924) *The State Theory of Money*, Macmillan, London.

Mankiw, N. Gregory and Mark P. Taylor (2017) *Economics*, Cengage Learning EMEA, Andover, UK.

Menger, C. (1892) 'On the Origin of Money', *Economic Journal* 2, pp 238–255.

Quiggin, Alison Hingston (1949) *A Survey of Primitive Money,*

Methuen and Co. Ltd, London, https://archive.org/stream/surveyofprimitiv033390mbp/surveyofprimitiv033390mbp_djvu.txt (accessed 27 March 2018).

Reinhart, Carmen and Kenneth Rogoff (2010) 'Growth in Time of Debt', NBER Working Paper 15639, January 2010, http://www.nber.org/papers/w15639.

Zuckerman, Gregory and Jenny Strasburg (2010) 'Banks' Loans to Funds are Back at Levels Before Crisis', *Wall Street Journal*, 9 January, https://www.wsj.com/articles/SB10001424052748703535104574646710848896566 (accessed 14 February 2018).